CHRISTOPH MARTIN SEILER

Die Rechtslage der nicht genehmigungsbedürftigen Anlagen im Sinne von §§ 22 ff. Bundes-Immissionsschutzgesetz

Schriften zum Öffentlichen Recht

Band 495

Die Rechtslage der nicht genehmigungsbedürftigen Anlagen im Sinne von §§ 22 ff. Bundes-Immissionsschutzgesetz

Von

Dr. Christoph Martin Seiler

DUNCKER & HUMBLOT / BERLIN

CIP-Kurztitelaufnahme der Deutschen Bibliothek

Seiler, Christoph Martin:
Die Rechtslage der nicht genehmigungsbedürftigen Anlagen im Sinne von §§ 22 ff. Bundes-Immissionsschutzgesetz / von Christoph Martin Seiler. — Berlin: Duncker und Humblot, 1985.
(Schriften zum Öffentlichen Recht; Bd. 495)
ISBN 3-428-05912-3
NE: GT

D 29

Gedruckt 1985 bei Buchdruckerei A. Sayffaerth - E. L. Krohn, Berlin 61
Printed in Germany

ISBN 3-428-05912-3

Julius Georg Andreae

zum ehrenden Gedenken

Vorwort

Diese Abhandlung ist im Wintersemester 1984/85 von der Juristischen Fakultät der Friedrich-Alexander-Universität Erlangen-Nürnberg als Dissertation angenommen worden. Schrifttum und Rechtsprechung sind bis zu diesem Zeitraum berücksichtigt.

Zu Dank verpflichtet bin ich Herrn Professor Dr. Helmut Lecheler, der den Fortgang der Arbeit stets kritisch-fördernd begleitet hat. Herrn Professor Dr. Walter Leisner danke ich dafür, die Mühe des Zweitgutachtens übernommen zu haben.

Wertvolle bibliothekarische Unterstützung wurde mir durch die Teilbibliothek 2/3 der Universitätsbibliothek Bamberg zuteil.

Herrn Ernst Thamm und dem Hause Duncker & Humblot bin ich für die Aufnahme der Arbeit in die Reihe „Schriften zum Öffentlichen Recht" verbunden.

Schließlich gilt mein besonderer Dank meiner Frau, die mich immer wieder zur Vollendung der Arbeit ermuntert hat und mir darüber hinaus bei der Erstellung des Manuskripts mit großer Geduld behilflich war.

Pettstadt, im Juni 1985

Christoph Seiler

Inhaltsverzeichnis

Erster Abschnitt

Der Geltungsbereich der §§ 22 ff. BImSchG 17

§ 1. Der verfassungsrechtliche Rahmen: Die §§ 22 ff. BImSchG zwischen den Gesetzgebungskompetenzen von Bund und Ländern 17

I. Die kompetenzrechtliche Vorstellung des Gesetzgebers 17

II. Kompetenzrechtliche Einordnung der Materie Immissionsschutz 18

1. Ansatz des BVerfG: „Wirtschaftliche Betätigung" 18

2. Historisch begründete Bundeskompetenz für sonstige Immissionen bei n. g. Anlagen? 20

3. Argument aus der Verwaltungspraxis: Keine immissionsschutzrechtliche Zuständigkeit des Wirtschaftsressorts 24

4. Funktional-systematische Gesichtspunkte: Immissionsschutz als selbständiges Rechtsgebiet 25

5. Keine Kompetenz des Bundes kraft Sachzusammenhangs 29

III. Ergebnis: Keine Kompetenz des Bundes zur Regelung des Schutzes vor sonstigen Immissionen 31

§ 2. Der gesetzlich bestimmte Anwendungsbereich 33

I. Zur Gesetzgebungstechnik: Begriffsbestimmungen der §§ 2, 3 i. V. m. §§ 22 ff. 33

II. Der weite Begriff der Anlage 33

1. Problematik: Fehlende Bestimmungskriterien im Gesetz 33

2. Immissionsschutz als „technisches Recht"? 34

3. Anlagenbegriff und „Betreiben" 35

4. Auffang- und Übermittlungsfunktion 36

5. Ergebnis: Bestimmung des Anlagenbegriffs nach der immissionsträchtigen Bündelungsfunktion 38

III. Geltung des Gesetzes für alle Arten von Anlagen 39

1. Unbeschränkter Anlagenbegriff 39

2. Privilegierung hoheitlich betriebener Anlagen nicht mehr haltbar 39

3. Kultische Anlagen 39

IV. Die Nummern 1 bis 3 mit Einzelfällen 39

1. § 3 Abs. 5 Nr. 1: Betriebsstätten und sonstige ortsfeste Einrichtungen 39

a) Betriebsstätte 40

b) Ortsfeste Einrichtung 40

c) Bündelung menschlich verursachter Immissionen 40

d) Größenordnung ortsfester Anlagen 41

2. § 3 Abs. 5 Nr. 2: ortsveränderliche technische Einrichtungen 42

a) Begriff der ortsveränderlichen Einrichtung 42

b) Unstreitige Einzelfälle 43

c) Größe ortsveränderlicher Einrichtungen 43

d) Ausnahme für Fahrzeuge 44

3. § 3 Abs. 5 Nr. 3: Grundstücke 44

a) Kernbereich 44

b) Ausgenommen: Öffentliche Verkehrswege 44

V. Abgrenzung der genehmigungsbedürftigen von den nicht genehmigungsbedürftigen Anlagen 45

1. Formelle Abgrenzung ausschließlich nach dem BImSchG 45

2. Einordnung der lediglich anzeigepflichtigen Anlagen i. S. von § 67 Abs. 2 46

a) Gesetzeswortlaut 46

b) Systematische Gründe 46

c) Hiernach anwendbare Vorschriften 47

d) Ergebnis: Nur § 25 Abs. 2 anwendbar 48

VI. Der räumliche Umfang der nicht genehmigungsbedürftigen Anlagen 49

1. Bedeutung für die Anwendung des Gesetzes 49

2. Räumliche Reichweite der genehmigungsbedürftigen Anlagen 50

3. Räumliche Abgrenzung der n. g. Anlagen von sonstigen Immissionsquellen 50

Zweiter Abschnitt

Der Inhalt der §§ 22 ff. BImSchG 52

§ 3. Die Grundpflichten nach § 22 Abs. 1 Satz 1 52

I. Vergleich zwischen § 5 und § 22 Abs. 1 Satz 1 52

1. Das immissionsschutzrechtliche Schutzprinzip im Vergleich .. 52
2. Keine Pflicht zur Abwehr sonstiger Gefahren 53
3. Keine Verpflichtung zur Vorsorge 53
4. Gebot der Entsorgung 55

II. Das Schutzprinzip in § 22 Abs. 1 Satz 1 Nr. 1 und 2 im einzelnen . 56
1. Problematik der unbestimmten Rechtsbegriffe 56
2. Schädliche Umwelteinwirkungen 56
3. Stand der Technik 61
a) Kontext des Schutzprinzips 61
b) Emissionsbegrenzung 61
c) Ermittlung des Standes der Technik 61
d) Praktische Eignung 62
aa) Abstimmung von Maßnahme und Immission 62
bb) Technisierungsgrad der Anlage 63
cc) Vernünftiges Verhältnis zwischen Aufwand und Emissionsbegrenzung 63
e) Nichtberücksichtigung der wirtschaftlichen Vertretbarkeit zulässig 64
4. Nr. 2: Beschränkung schädlicher Umwelteinwirkungen auf ein Mindestmaß 66
a) Keine Beschränkung auf anlagenbezogene Maßnahmen ... 66
b) Grenze des „Mindestmaßes“ 67

§ 4. Die Verordnungsermächtigung in § 23 — Konkretisierung und Erweiterung der Grundpflichten 71

I. Problemstellung: Verhältnis zu § 22, insbesondere Geltung des Vorsorgeprinzips 71

II. Konkretisierung und Erweiterung der Grundpflichten 71
1. Verordnunggeber nicht auf § 22 beschränkt 71
2. Verlagerung von der Immissionsbegrenzung zur Emissionsbegrenzung 72
3. Begrenzungen auf den Stand der Technik und Mindestmaß entfallen 73
4. Zeitliche Betriebsbeschränkungen 75
5. Verhältnis zu § 22: Vorrang der strengeren Regelung 75
6. Bisher erlassene Verordnungen 76
7. Verdeckte Kompetenzprobleme 76

III. Die konkurrierende Ermächtigung von Bundesregierung und Landesregierungen (§ 23 Abs. 2) 78

§ 5. Die Einzelmaßnahmen nach §§ 24, 25 ... 81

I. Die abgeschwächte Kontrolle der n. g. Anlagen ... 81

II. Die Anordnung nach § 24 Satz 1 ... 82

1. Ziel der Anordnung ... 82
2. Inhalt der Anordnung ... 82
3. Bestimmtheit der Anordnung ... 83

III. Die Betriebsuntersagung nach § 25 Abs. 1 ... 84

1. Voraussetzung: Nichterfüllung einer vollziehbaren Anordnung ... 84
2. Inhalt der Untersagung ... 85
3. Rechtsnatur: Vollstreckungsmaßnahme ... 85

IV. Die Betriebsuntersagung nach § 25 Abs. 2 ... 85

1. Unmittelbare Untersagung bei Gefahr für Leben und Gesundheit oder bedeutende Sachwerte ... 85
2. Ursache: Schädliche Umwelteinwirkungen ... 85
3. Kausalzusammenhang ... 86
4. Keine Entschädigungspflicht ... 86

V. Der Ermessensspielraum der Behörde ... 86

1. Entschließungs- oder Auswahlermessen ... 86
2. Nach § 24 Satz 1 kein Entschließungsermessen ... 87

VI. Die Behandlung streitiger Sachverhalte ... 89

1. Ausgangspunkt: Pflicht zum Einschreiten nach § 24 Satz 1; Offizialprinzip des VwVfG ... 89
2. Anordnung der Eigen- bzw. Fremdmessung nach §§ 26, 52 .. 89
3. Anordnung „auf Verdacht" ... 89
4. Öffentlich-rechtlicher Vergleichsvertrag ... 90

§ 6. Rechte des Nachbarn ... 91

I. §§ 22 ff. als Ausformung subjektiv-öffentlicher Rechte ... 91

II. Der Sonderfall der direkten öffentlich-rechtlichen Immissionsabwehrklage gegen hoheitlich betriebene Anlagen ... 92

1. Immissionsschutzrechtliche Bedeutung der hoheitlich betriebenen Anlagen ... 92
2. Unbeschränkte Geltung der §§ 22 ff. ... 93
3. Immissionsabwehranspruch gegen den hoheitlichen Betreiber 94

4. Herkömmliche Begründungsversuche obsolet ... 95
a) § 906 BGB gegenüber hoheitlich verursachten Immissionen irrelevant ... 95
b) Unterscheidung zwischen Abwehranspruch und FBA ... 95
5. Mögliche Einschränkungen des Immissionsabwehranspruchs bei hoheitlich betriebenen Anlagen ... 96
a) Begrenzte tatbestandliche Einschränkung des § 22 ... 96
b) Keine Duldungspflicht aus allgemeinen Rechtsgrundsätzen 97
aa) Kriterium der Zumutbarkeit der Folgenbeseitigung nicht einschlägig ... 97
bb) Keine Duldungspflicht kraft Gewohnheitsrechts ... 97
cc) Keine Rechtfertigung aus einem abgestuften Vorbehalt des Gesetzes ... 97
dd) Kein Dispens wegen kollidierender öffentlicher Interessen ... 99

Dritter Abschnitt

§§ 22 ff. BImSchG und sonstige öffentlich-rechtliche Vorschriften 100

§ 7. §§ 22 ff. und öffentlich-rechtliche Vorschriften des Bundes ... 101
I. Problemstellung ... 101
1. Die „klarstellende" Wirkung des § 22 Abs. 2 ... 101
2. Geringe Aussagekraft der lex-posterior-Regel ... 101
3. Mindestanforderung der Widerspruchsfreiheit ... 101
II. §§ 22 ff. und Baurecht des Bundes ... 102
1. Verhältnis Immissionsschutzrecht—Baurecht ... 102
2. Konkrete Fälle direkter Überschneidung ... 102
3. Pflicht zur Beachtung der §§ 22 ff. im Baugenehmigungsverfahren ... 103
4. Verhältnis zu den Genehmigungstatbeständen der §§ 30, 34, 35 BBauG ... 104
a) § 30 BBauG ... 105
b) §§ 34, 35 BBauG ... 110
aa) Sich-Einfügen und Gebot der Rücksichtnahme ... 110
bb) Gesunde Wohn- und Arbeitsverhältnisse ... 113
cc) Außenbereich ... 113
5. Nachträgliche Maßnahmen ... 114
a) Bau-, Nutzungs- oder Abbruchgebote nach BBauG ... 114
b) Anordnungen oder Untersagungen nach BImSchG ... 114

III. §§ 22 ff. und GastG 114

1. Anpassung des GastG 114

2. Gaststätten als ortsfeste Einrichtungen 114

3. Die Pflichtennorm des § 22 115

a) § 4 Abs. 1 Nr. 3 GastG als weitergehende Pflicht 115

b) Betrieb und Grundpflicht 116

4. Pflichten aus Rechtsverordnungen nach § 23 nicht subsidiär 116

5. Nachträgliche Maßnahmen gegen Gaststätten 117

a) Anordnung nach § 24 verdrängt durch § 5 Abs. 1 Nr. 3 GastG 118

b) Untersagungsvorschrift des § 25 Abs. 1 teilweise anwendbar 119

c) Untersagungsvorschrift des § 25 Abs. 2 auf Gaststätten insgesamt anwendbar 119

6. Sperrzeitbedingte Immissionsschutzfragen: Landesrechtliche Verordnungen 120

7. Verordnungsermächtigungen nach BImSchG und GastG nebeneinander anzuwenden 120

IV. §§ 22 ff. und GewO 120

1. §§ 22 ff. BImSchG und §§ 24 ff. GewO nebeneinander anzuwenden 121

2. §§ 22 ff. durch §§ 33 a, i GewO verdrängt 121

V. §§ 22 ff. und Abfallbeseitigungsanlagen 121

§ 8. §§ 22 ff. und öffentlich-rechtliche Vorschriften der Länder 122

I. Das Verhältnis von Bundes- und Landesimmissionsschutzrecht 122

1. Art. 72 Abs. I, II, 74 Nr. 24 GG 122

2. Gebrauchmachen i. S. von Art. 72 Abs. 1 GG 123

3. Bedürfnisklausel des Art. 72 Abs. 2 GG 125

4. Unbeschränkte und ausschließliche Geltung des Bundesrechts für anlagenbezogene Luftreinhaltung und Lärmbekämpfung 127

a) Anlagenbezogene und verhaltensbezogene Regelung 128

b) Unbeschränkte Zuständigkeit der Länder für sonstige Immissionen 128

c) Kompetenz der Länder für ortsrechtlichen Gebietsschutz nach § 49 Abs. 3 128

5. Konsequenzen für die Landesgesetze 128

II. Die kompetenzrechtliche Gültigkeit der einzelnen Landesimmissionsschutzgesetze 129

1. Bayerisches LImSchG 129

2. Bremer LImSchG 130
3. Niedersächsisches LImSchG 131
4. Nordrhein-westfälisches LImSchG 131
5. Rheinland-pfälzisches LImSchG 132
III. Landesrechtliches Verordnungsrecht 132
IV. §§ 24, 25 und polizeirechtliche Generalklausel 132
V. §§ 24, 25 und bauordnungsrechtliche Überwachung 134
VI. §§ 22 ff. und Schutz „spezieller Rechtsgüter“ 135

Zusammenfassung 137

Schrifttumsverzeichnis 140

Erster Abschnitt

Der Geltungsbereich der §§ 22 ff. BImSchG

§ 1. Der verfassungsrechtliche Rahmen: Die §§ 22 ff. BImSchG zwischen den Gesetzgebungskompetenzen von Bund und Ländern

Die Frage nach der Gesetzgebungskompetenz zum Erlaß der §§ 22 ff.[1] hat sich keineswegs durch Zeitablauf erledigt. Sie beschäftigt vielmehr die Rechtsprechung regelmäßig und hat zu der Feststellung geführt, daß die „Gemengelage"[2] um die §§ 22 ff. gerade im Verhältnis von Bundes- und Landesrecht besteht[3].

I. Die kompetenzrechtliche Vorstellung des Gesetzgebers

Ausgangspunkt ist der Wortlaut des § 22 Abs. 1 Satz 1. Dem weitgefaßten Satz 1 ist die Einschränkung in Satz 2 gegenüberzustellen:

— *Satz 1* regelt den Immissionsschutz *sämtlicher n. g. Anlagen* in bezug auf *sämtliche Immissionen,* die in § 3 Abs. 1 und 2 genannt sind.

— *Satz 2 schränkt* diese Regelung *ein.* Dabei läßt er die *wirtschaftlichen* n. g. Anlagen[4] *unberührt.* Für sie gilt die *umfassende* Regelung des Satzes 1 (*sämtliche Immissionen*). Der Gesetzgeber glaubte sich hinsichtlich der wirtschaftlichen Anlagen durch Art. 74 Nr. 11 GG (Recht der Wirtschaft) zu einer unbeschränkten Regelung ermächtigt. Anders im Fall der *nicht wirtschaftlichen* Anlagen: Für sie gilt *nur Art. 74 Nr. 24 (Luftverunreinigung und Lärm).* Dement-

---

[1] §§ ohne Bezeichnung sind solche des BImSchG.

[2] *Sellner / Löwer,* WiVerw. 1980, 221 ff. m. w. N.

[3] Vgl. allgemein zum „technischen Recht" BVerfGE 41, 344 ff.; ferner BayObLaG, BayVBl. 1984, 347; OVG Koblenz, GewArch. 1976, 309; OVG Lüneburg, UPR 1984, 277 f.; OVG Münster, bei *Feldhaus,* ES, BImSchG, § 22 - 2; *Kutscheidt,* NVwZ 1983, 65/69 f.; *Sellner / Löwer,* 221 ff.

[4] D. h. Anlagen, die gewerblichen Zwecken dienen oder im Rahmen wirtschaftlicher Unternehmungen Verwendung finden; § 22 Abs. 1 Satz 2 e contrario.

sprechend unterwarf sie der Bundesgesetzgeber den Grundpflichten des § 22 Abs. 1 Satz 1 nur hinsichtlich der Luftverunreinigungen und Geräusche.

§ 22 gilt daher für nicht wirtschaftliche Anlagen nicht in bezug auf „Erschütterungen, Licht, Wärme, Strahlen und ähnliche Umwelteinwirkungen“ (§ 3 Abs. 2). Diese Erscheinungen sollen im folgenden als „sonstige Immissionen“ bezeichnet werden[5].

Damit ergibt sich zunächst, daß der Bundesgesetzgeber durch den Erlaß der §§ 22 ff. den bisherigen Bereich des Bundesrechts stark erweitert hat. Denn die n. g. Anlagen, deren Lästigkeit also unterhalb der Genehmigungsbedürftigkeit i. S. von §§ 16 ff. a. F. GewO lag, unterfielen *bisher* dem allgemeinen Sicherheits- (Polizei-) Recht, gegebenenfalls den Landesimmissionsschutzgesetzen und damit stets dem Landesrecht[6].

Soweit der Bund hinsichtlich der Luftreinhaltung und Lärmbekämpfung in ehemals landesrechtliche Bereiche vorstieß, wird er hierzu durch Art. 74 Nr. 24 ausdrücklich ermächtigt. Nicht unmittelbar einsichtig erscheint demgegenüber die Erweiterung des Bundesrechts auf der Grundlage des Art. 74 Nr. 11 GG, also die Regelung zur Vermeidung von sonstigen Immissionen. Die Regelung ist unter dem Gesichtspunkt einer schon quantitativ bedeutsamen Verschiebung im bundesstaatlichen Zuständigkeitsgefüge problematisch und bedarf besonderer Überprüfung.

Daher soll im folgenden untersucht werden, ob *dieser Teil* des Immissionsschutzes dem Recht der Wirtschaft zugeordnet werden kann. Ausgehend vom Begriff des Rechts der Wirtschaft, wie ihn das BVerfG definiert hat, soll versucht werden, eine Bundeskompetenz historisch und unter Heranziehung der Verwaltungspraxis zu begründen.

Schließlich wird zu untersuchen sein, ob sich der Immissionsschutz als Rechtsgebiet verselbständigt hat. Dieses Ergebnis könnte — falls es sich als richtig herausstellt — noch unter dem Gesichtspunkt einer ungeschriebenen Bundeskompetenz zu korrigieren sein.

II. Kompetenzrechtliche Einordnung der Materie Immissionsschutz

1. Der *Ansatz des Bundesverfassungsgerichts* geht von dem Begriff *„wirtschaftliche Betätigung“* aus.

[5] Vgl. § 13 nwLImSchG.

[6] Amtl. Begr. zu Art. 74 Nr. 24, BT-Dr. VI/1298, 4 und 16 f.

Das BVerfG hat den Begriff des Rechts der Wirtschaft näher zu bestimmen versucht. Es hat darunter diejenigen Rechtsnormen verstanden, die „ordnend und lenkend in das Wirtschaftsleben eingreifen"[7], weitergehend auch alle „das wirtschaftliche Leben und die wirtschaftliche Betätigung *als solche*[8] regelnden Normen ... und vor allem diejenigen Vorschriften ..., die sich in irgendeiner Form auf die Erzeugung, Herstellung und Verteilung von Gütern des wirtschaftlichen Bedarfs beziehen"[9].

Nach dieser eher allgemeinen Formulierung ist es jedenfalls vertretbar, den Betrieb von Anlagen wirtschaftlicher Art i. S. von § 22 Abs. 1 Satz 2 zur Materie des Art. 74 Nr. 11 GG zu zählen. Ob allerdings mit immissionsschutzrechtlichen Anforderungen die „wirtschaftliche Betätigung *als solche*" geregelt wird, kann nach den oben zitierten Formeln nicht sicher entschieden werden; denn was „wirtschaftliche Betätigung als solche" ist, erklären sie nicht, sondern setzen es voraus. Sie können auch schwerlich so gedeutet werden, daß „die Vorschriften, die sich in irgendeiner Form auf die Erneuerung ... (etc.) von Gütern des wirtschaftlichen Bedarfs beziehen", eine Erweiterung des Kompetenzbereichs bedeuten und mit dem Bezug „in irgendeiner Form" vom Erfordernis des *spezifisch Wirtschaftlichen* dispensieren.

Dem BVerfG sollte ein so evidenter Widerspruch nicht unterstellt werden. Abgesehen davon: Der Übergang vom spezifischen Zusammenhang zum Bezug „in irgendeiner Form" würde den Grundsätzen der Interpretation von Kompetenznormen deshalb widersprechen, weil er den Begriff „Recht der Wirtschaft" seiner Funktion in Art. 70, 72, 74 GG entkleidet. Denn *Abgrenzung*[10] kann von einem „Irgendwie-Bezug" nicht mehr erwartet werden. Als *spezifisch* wirtschaftlich kann auch nicht ohne weiteres die „Erzeugung, Herstellung ..." (etc.) bezeichnet werden. Wie alle Vorgänge des täglichen Lebens sind auch diese ständig von einer Vielzahl von Normen privatrechtlicher oder öffentlichrechtlicher Art erfaßt, die sich also auf sie in „irgendeiner Form" beziehen, seien es die §§ 611 ff., 631 ff. BGB oder Regelungen des Polizeirechts (Sicherheitsrecht). Als Recht der Wirtschaft wird man die letztgenannten Normen aber nicht bezeichnen können.

Die bisher angeführten Formulierungen des BVerfG sollen daher ergänzt werden. Dabei können wesentliche Gesichtspunkte der Rechtsprechung des BVerfG selbst entnommen werden.

---

[7] BVerfGE 4, 7/13 — Investitionshilfe —.

[8] Hervorhebung vom Vf.

[9] BVerfGE 8, 143/148 f.

[10] Zur Ordnungsfunktion der Kompetenznormen s. BVerfGE 36, 193/202; *Krüger*, AStL, 108 ff.

2. Es ist zunächst eine *historisch begründete Bundeskompetenz für sonstige Immissionen bei n. g. Anlagen* zu untersuchen.

Der Rang des historischen Arguments bei der Auslegung des Kompetenzkatalogs des GG ist vom BVerfG wiederholt hervorgehoben worden[11].

Dieser besondere Rang kann jedoch nicht der *subjektiv*-historischen Auslegung zukommen[12]. Dieses, auch „genetisch" genannte Argument sollte allenfalls unterstützend verwendet werden[13]. In diesem Sinn wird grundsätzlich auch das BVerfG zu verstehen sein[14]. Wenn es gleichwohl von vorrangig historischer Auslegung spricht, können lediglich *objektiv*-historische Gesichtspunkte gemeint sein[15].

Es ist deshalb danach zu fragen, welche kompetenzrechtliche Einteilung die jeweilige Materie *herkömmlicherweise* erfahren hat. Dies gilt unabhängig davon, ob diese Einteilung mit den Vorstellungen des Gesetzgebers im Moment des Gesetzgebungsaktes übereinstimmt, oder ob den Gesetzesmaterialien überhaupt Anhaltspunkte in der einen oder anderen Richtung entnommen werden können.

Das gleiche gilt für die Motive des Verfassunggebers. Auch sie sind nur zur Bestätigung *anderweitig* gefundener Ergebnisse tauglich.

Geht es somit um die *objektiv* feststellbare kompetenzrechtliche Einteilung, wie sie herkömmlich vorgenommen worden ist, so ist weiter zu ermitteln, welches Herkommen ausschlaggebend sein soll.

In Frage kommen sowohl die traditionellen *Rechtsauffassungen* als auch die überlieferte *Gesetzgebungspraxis*. Während die seit langem h. M. den weiten Begriff des Rechts der Wirtschaft auf das gesamte technische Recht gewerblich-industriell oder in vergleichbarer Weise betriebener Anlagen[16] bezieht, existierten bisher, wie bereits ausgeführt, tatsächlich solche Regelungen des Bundesrechts nur für genehmigungsbedürftige oder für überwachungsbedürftige Anlagen. Die Entschei-

---

[11] BVerfGE 3, 407/414; 61, 149/175 u. st. Rspr.

[12] D. h. vom Standpunkt des historischen Gesetzgebers.

[13] Zum einen kann unmittelbare demokratische Legitimation in der notwendig formalisierten repräsentativen Demokratie nur die verfassungsmäßig vorgesehene Willensentscheidung der Legislative, nämlich der förmliche Gesetzesbeschluß, beanspruchen (BVerfGE 33, 125/158); zum anderen wird kaum je nachzuweisen sein, ob das Parlament einzelne aufgezeichnete Auffassungen in seinen Willen aufgenommen hat, und ob diese nicht vielmehr nur die Interessen von Einzelgruppierungen oder von Initiatoren des Gesetzes widerspiegeln (vgl. hierzu treffend BVerfGE 1, 299/313).

[14] BVerfG ebd.; ebenso E 10, 234/344; 11, 126/131; 48, 210/224.

[15] Zur begrifflichen und sachlichen Trennung sehr klar *Alexy*, Theorie der juristischen Argumentation, 291 u. 294.

[16] BVerfGE 41, 344/352 ff.

dung zwischen diesen beiden „Traditionen" ist danach zu treffen, mit welcher Berechtigung und inwieweit vorrangig auf das historische Argument zurückgegriffen wird. Ausgangspunkt kann schwerlich die Konservierung der im Kaiserreich oder in der Weimarer Zeit vorherrschenden Rechtsauffassungen um ihrer selbst willen sein. Sie werden zwar vom BVerfG teilweise sehr breit dargestellt[17], ihre Relevanz bedarf aber der Begründung. Selbst in den Fällen, in denen der Grundgesetzgeber sich solche Rechtsauffassungen zu eigen gemacht hat, würden sie lediglich im Rahmen einer unterstützenden Argumentation zum Zuge kommen (s. o.).

Tragender Grund für die Betonung des Historisch-Herkömmlichen gerade im Kompetenzteil der Verfassung kann im vorliegenden Fall auch nicht die *sachgerechte* Zusammenfassung gewerberechtlicher Sondergebiete sein[18]. Dieses Argument klingt zwar in der verfassungsgerichtlichen Beurteilung des Rechts der Wirtschaft an[19]. Das Ziel der sachgerechten Kompetenzzuweisung ist jedoch durch eine Auslegung der Art. 70 ff. GG nach Sachzusammenhängen, erforderlichenfalls durch die Annahme einer ungeschriebenen Kompetenz unmittelbar zu erreichen[20] und bedarf als solches keiner historischen Rechtfertigung.

Schließlich mag die historische Rechtsauffassung ein *Indiz* für auch aktuell noch bestehende Sachzusammenhänge sein[21]; dies kann jedoch dann nicht mehr gelten, wenn die zu regelnden Vorgänge und ihre Einschätzung durch den Verfassungsgesetzgeber wie durch den (einfachen) Gesetzgeber starken Wandlungen unterworfen sind[22]. Das ist aber gerade im Bereich des Immissionsschutzes der Fall. Die Begründungen zur Einführung von Art. 74 Nr. 24 GG sprechen zutreffend davon, daß die Gesetzgebungskompetenz für immissionsschutzrechtliche Regelungen bisher „mehr oder weniger zufällig" (sic) aus Art. 74 Nr. 11 GG

---

17 Unverkennbar in diese Richtung geht BVerfGE 41, 344 ff. Von einem ausgewogenen Verhältnis zwischen Statik und Dynamik der Verfassungsauslegung wird man entgegen *Scholz*, FS BVerfG II, 252/266, in *dieser* Entscheidung nicht mehr sprechen können.

18 Unklar BVerfGE 5, 25/29; 28, 119/146.

19 An anderer Stelle hat das BVerfG die „wesensmäßige und historische Zugehörigkeit" über den „auch vorhandenen Sachbezug" gestellt (E 48, 367/373). Es ist selbstverständlich, daß ein „auch vorhandener", also nicht wesentlicher Sachbezug, die „wesensmäßige Zugehörigkeit" nicht überwiegen kann. Wie die wesensmäßige Zugehörigkeit aber ohne Erörterung des Sachbezugs gefunden werden soll, bleibt unerfindlich.

20 Die Auslegung der Kompetenzvorschriften und ihre Ergänzung aus ungeschriebenem Recht beruhen z. T. auf dem gleichen Grundgedanken, wenn „sach- und funktionsgerecht" ausgelegt wird, vgl. zum Ganzen *Scholz*, FS BVerfG II, 252 ff.

21 BVerfGE 61, 149/175 f.

22 *Lerche*, JZ 1972, 468/470; *Scholz*, FS BVerfG II, 252/266.

hergeleitet wurde[23]. Die §§ 16 ff. GewO gehörten also nach früherer Rechtsauffassung ohne Zweifel zum Recht der Wirtschaft; eine sachliche Affinität muß aber aus heutiger Sicht verneint werden.

Damit steht zunächst fest, daß historische Kompetenzverteilung und Sachzusammenhang hinsichtlich des gesamten Immissionsschutzes auseinanderfallen; daher kann der *eine* Gesichtspunkt nicht zur Begründung des *anderen* herhalten.

Möglicherweise können Bedeutung und Reichweite des historischen Kompetenzarguments im Fall der n. g. Anlagen aber aus dem Erfordernis der *Kontinuität* der Gesetzgebungskompetenzen begründet werden. Das BVerfG hat in einer jüngeren Entscheidung erstmals den Aspekt der Kontinuität zur Begründung einer historisch-herkömmlichen Argumentation herangezogen[24]. Es begreift hierbei die herkömmliche Kompetenzverteilung nicht als Wert an sich, sondern stellt sie als Garantie der „Festigkeit und Berechenbarkeit"[25], d. h. der *Rechtssicherheit* dar. Geht man davon aus, daß die Kompetenzvorschriften als Grundlage langfristiger Entwicklungen der Gesetzgebung formale Abgrenzungsfunktion erfüllen, so ist in der Tat ein Element der Stabilität unverzichtbar. Sollen die einfachen Gesetze im Verhältnis zum Bürger dem Gebot der Berechenbarkeit staatlichen Handelns genügen[26], dann bedürfen sie einer beständigen Grundlage. Mittelbar kommt das rechtsstaatliche Gebot der Rechtssicherheit daher auch bei der Auslegung derjenigen formalen Verfassungssätze zum Tragen, die den Rahmen der (einfachen) Gesetzgebung bilden. Aber auch ihre Schutzfunktion[27] zugunsten der gesetzgebenden Körperschaften, insbesondere der Landesgesetzgebung, können die Kompetenznormen nur erfüllen, wenn sie Rechtssicherheit gewährleisten; der Vorbehalt ständig gewandelter Verfassungsinterpretation wäre einer sinnvollen Betätigung eigenstaatlicher Befugnisse des Bundes wie der Länder abträglich. Um die geforderte Kontinuität zu wahren, ist eine Bundeskompetenz aus historischen Gründen danach immer dann zu bejahen, wenn der Bund eine (wenn auch nur „zufällige"[28]) Gesetzgebungsbefugnis entweder auf Dauer *ausgeübt* hat oder wenn die Gesetzgebungskörperschaften mit dem Fortbestand einer *theoretisch anerkannten Bundeskompetenz* rechnen mußten und sich darauf eingerichtet haben. Beides kann im

[23] BT-Dr. V/3515, 3; ähnlich BT-Dr. VI/1298, 4.

[24] BVerfGE 61, 149 ff.

[25] BVerfGE 61, 149/176.

[26] Vgl. grds. *Herzog*, in: M-D-H-S, GG, Art. 20 (Abschnitt VII) Rn. 57. Ferner zum kompetentiellen Aspekt *Stettner*, Grundfragen, 306; ähnlich *Badura*, NJW 1981, 1337/1339.

[27] *Stettner*, Grundfragen, 320 u. 323 ff.

[28] s. o. Fn. 23.

Ergebnis für den Immissionsschutz bei n. g. Anlagen nicht angenommen werden, auch nicht im Fall der wirtschaftlich betriebenen Anlagen.

Tatsächlich wahrgenommen hat der Bund seine „mehr oder weniger zufällige“[29] Kompetenz aus Art. 74 Nr. 11 GG nur im Rahmen der §§ 16 ff. a. F. GewO. Zwar wollte die frühere Rechtsauffassung theoretisch das gesamte technische Recht einschließlich des Immissionsschutzes zum Recht der Wirtschaft und damit zur Bundeskompetenz ziehen[30]. Da es sich hierbei jedoch „nur“ um eine konkurrierende Kompetenz handelte, kam es auf diese Rechtsauffassung bei der Entwicklung der Landesimmissionsschutzgesetze nicht an. Vielmehr konnten sich die Landesgesetzgeber vor Erlaß des BImSchG gerade auf einen Freiraum zur Regelung des Immissionsschutzes einstellen. Schließlich existiert zu den n. g. Anlagen auch keine gefestigte Kompetenzrechtsprechung, an der aus Gründen der Rechtssicherheit festzuhalten wäre; es kann deshalb dahinstehen, ob der Kontinuität der Rechtsprechung methodisches Eigengewicht zukommt[31]. Da also eine aus Kontinuitätsgründen fortzuschreibende Bundeskompetenz für den hier untersuchten Bereich vor Art. 74 Nr. 24 GG faktisch nicht in Erscheinung getreten war, konnte sich auch kein Vertrauenstatbestand bilden, an dem aus Gründen der Rechtssicherheit festzuhalten wäre. Ein gewandeltes Verfassungsverständnis kann *hier* nicht zu einem Bruch führen, der mit Rechtsunsicherheit verbunden wäre. Im (für den Bund) ungünstigsten Fall bleibt es bei der vor 1974 geltenden Aufteilung der Rechtsbereiche insofern, als Schutz vor sonstigen Immissionen ausschließlich vom Landesrecht erfaßt wird. Sollte diese Aufteilung sachwidrig sein, so ist dies später bei der Frage nach dem Sachzusammenhang zu erörtern.

Aus historischen Gründen sind die n. g. Anlagen jedenfalls hinsichtlich des Immissionsschutzes von Art. 74 Nr. 11 nicht erfaßt.

Gleichwohl: Vorhandene Kontinuität fordert die Bundeskompetenz, fehlende Kontinuität hindert sie jedoch nicht; vorliegend ist zwar eine Tradition für die Bundeskompetenz nicht feststellbar, es kann aber *auch* noch *nicht von einer traditionell ausschließlichen Landeskompetenz* gesprochen werden. Es verbleibt daher zunächst bei der Verteilung der Argumentationslast, wie sie Art. 70 Abs. 1 GG vornimmt. Ob die Bundeskompetenz aus anderen Auslegungsgesichtspunkten überzeugend hergeleitet werden kann, ist im folgenden zu untersuchen.

---

[29] s. o. Fn. 23.

[30] BVerfGE 41, 344/352.

[31] Vgl. sehr weitgehend BGHZ 85, 64/66.

3. Als *Argument aus der Verwaltungspraxis* ist anzuführen, daß traditionell *keine immissionsschutzrechtliche Zuständigkeit des Wirtschaftsressorts* besteht.

Zur kompetenzrechtlichen Zuordnung eines Sachgebiets zieht das BVerfG vergleichend die Verteilung der Sachgebiete auf die einzelnen Ressorts heran. Es geht zutreffend davon aus, daß die Federführung bei Gesetzesentwürfen und die Zuständigkeit beim Vollzug etwas darüber aussagt, welche Rechtsvorschriften ein „Gebiet" i. S. von Art. 74 bilden[32]. Nach dem BVerfG sind diejenigen Sachgebiete, die gewöhnlich dem Wirtschaftsressort unterfallen, i. d. R. dem Recht der Wirtschaft zuzuordnen. Umgekehrt hat das BVerfG die Zuständigkeit anderer Ressorts als Argument gegen Art. 74 Nr. 11 angeführt[33].

Für den Immissionsschutz ist nun das Wirtschaftsressort im Bund und in den Ländern grundsätzlich *nicht* zuständig. Es besteht vielmehr im Bund eine traditionelle Zuständigkeit des *Innen*ressorts; in den Ländern überwiegen Zuweisungen an Fachressorts für Umwelt oder Gesundheit[34]. Ohne aus diesem Befund schon verbindliche Schlüsse ziehen zu wollen, kann doch festgestellt werden, daß die Praxis der Ressortzuweisung eher gegen eine Verklammerung von Immissionsschutz und Recht der Wirtschaft spricht. Der Immissionsschutz wird ohne Rücksicht auf die (gewerblichen etc.) Zwecke, denen eine emittierende Anlage dienen mag, der Gefahrenabwehr i. w. S. zugeordnet (Innenressort); die neuerdings ausgestaltete Abwehr von Belästigungen (vgl. § 3 Abs. 1) weist erst recht keine Affinität zum Recht der Wirtschaft auf. Dies kommt besonders in der Zuweisung an Fachressorts für Umweltfragen o. ä. zum Ausdruck. Während nämlich die Verwaltungskompetenz des Innenressorts noch als Auffangzuständigkeit der *allgemeinen* inneren Verwaltung gedeutet werden kann, geht der fachbehördlichen Zuteilung notwendig eine ausdrückliche *spezielle* Einordnung des jeweiligen Rechtsgebiets voraus.

---

32 BVerfGE 8, 143/151; 28, 119/148.

33 E 12, 205/230; 28, 119/148.

34

Bund:	Innenressort (vgl. Staatshandbuch 1982).
Bayern:	StM für Landesentwicklung und Umweltfragen (§ 10 Nr. 2 c StRGVV v. 11. 4. 1972).
Baden-Württemberg:	Landesminister für Arbeit, Gesundheit und Sozialordnung (§ 1, X, Nr. 6 d. Bek. d. Landesregierung v. 25. 7. 1972, zul. geänd. am 26. 5. 1981, GBl. S. 266).
Hessen:	Sozialminister (Bek. v. 25. 6. 1979, GVBl. I, S. 115).
Nordrhein-Westfalen:	In erster Linie der Landesminister für Arbeit, Gesundheit und Soziales (Bek. v. 8. 10. 1971, GVNW S. 334, zul. geänd. durch Bek. v. 22. 2. 1981, GVNW S. 134).
Saarland:	Minister für Umwelt, Raumordnung und Bauwesen (Bek. v. 23. 1. 1974, Abl. S. 94).

Die Handhabung des Immissionsschutzes in der Verwaltungspraxis läßt daher den Schluß zu, daß schon die herkömmliche Auslegung des Begriffs „Recht der Wirtschaft" nicht uneingeschränkt gegolten hat, und daß in neuerer Zeit eine Verselbständigung des Immissionsschutzes eingetreten ist.

4. *Funktional-systematische Gesichtspunkte* sprechen dafür, den *Immissionsschutz als selbständiges Rechtsgebiet* anzuerkennen.

Die angeführten verwaltungspraktischen Entwicklungen deuten bereits darauf hin, daß sich der Immissionsschutz als Rechtsgebiet verselbständigt hat. Er stellt eine eigenständige Materie der Gesetzgebung dar, denn er ist von konkreten Zielen (§ 1) geprägt und verfügt über ein besonderes Instrumentarium (z. B. Messungen, technische Anforderungen), das über die traditionelle Gefahrenabwehr durch Einzelmaßnahmen hinausgeht.

Auch soweit sich der Immissionsschutz in eingefahrenen Geleisen des Polizeirechts bewegt, stellt er eine eigenständige, in sich geschlossene Konzeption dar[35]. Ferner ist er gleichmäßig von einer Reihe stets wiederkehrender Rechtsprobleme eigener Art gekennzeichnet (Stand der Technik, Grad der Belästigung, Bestandsschutz, Anwendung technischer Regelwerke)[36]. Dem entspricht die (ergänzte) Systematik des Art. 74 GG, durch dessen Nr. 24 die aufgezeigte Entwicklung bewußt nachvollzogen worden ist[37]. *Spätestens* nach Einführung des Art. 74 Nr. 24 begründet die Gleichartigkeit der Gefahrenlage immissionsträchtiger Anlagen nicht mehr die Verbindung mit dem Recht der Wirtschaft[38]. Diese Gefahrenlage stellt vielmehr das spezifische Kennzeichnen des Immissionsschutzes, d. h. gerade das Unterscheidungskriterium zu anderen Materien dar. Es folgt aus Art. 74 Nr. 24 zwingend, daß das sogenannte *technische Recht* eben nicht als solches zu Art. 74 Nr. 11 gehört[39]; es fällt auch nicht automatisch in den Anwendungsbereich dieser Vorschrift, wenn es bei der Teilnahme am Wirtschaftsverkehr als für alle geltendes Gesetz beachtet werden muß[40].

---

35 *Martens*, DVBl. 1983, 597/604.

36 Dem kann nicht entgegengehalten werden, daß das BImSchG die verschiedenen „historischen Ebenen" (?) seiner Entwicklung noch nicht „verschmolzen" (?) habe (*Sendler*, JuS 1983, 255 f.). Denn die Entstehung eines Rechtsgebiets auf Verfassungsebene ist unabhängig von ihrer Verwirklichung durch den Gesetzgeber. Ferner kann ein Rechtsgebiet gerade ohne historische „Verschmelzung" als völlige Neuordnung entstehen, wie es beim BImSchG beabsichtigt war (vgl. BT-Dr. VI/1298, 4 f.).

37 BT-Dr. VI, 1298, 4 f.

38 So aber noch BVerfGE 41, 344/355, zu den überwachungsbedürftigen Anlagen.

39 Anders BVerfGE 41, 344/355.

40 *Pestalozza*, DÖV 1972, 181/184.

Stellt nun der Immissionsschutz ein eigenständiges Rechtsgebiet dar, so hätte die Begründung einer Bundeskompetenz für diese Materie einer ausdrücklichen und unbeschränkten Aufnahme in den Zuständigkeitskatalog der Art. 73 ff. bedurft. Das BVerfG hat zur kompetenzrechtlichen Einordnung des Wasserrechts klargestellt, daß die punktuelle Erwähnung von Teilgebieten eines größeren Rechtsgebiets eine Beschränkung des Kompetenzkatalogs bewirkt, insofern die Kompetenz für alle *nicht* genannten Teilgebiete bei den Ländern verbleibt[41].

Da Art. 74 Nr. 24 GG nur die Luftreinhaltung und Lärmbekämpfung erwähnt, behalten die Länder die ausschließliche Regelungskompetenz für alle sonstigen Immissionen.

Gleichwohl könnte zumindest das auf wirtschaftliche Vorgänge bezogene Immissionsschutzrecht „Recht der Wirtschaft" darstellen. Es ist daher zu klären, ob die in § 22 Abs. 1 Satz 2 gestellten Anforderungen an wirtschaftliche Anlagen speziell immissionsschutzrechtliche oder speziell wirtschaftsrechtliche Bestimmungen sind, ob sie *Sonderrecht* der Wirtschaft oder Sonderrecht des Immissionsschutzes darstellen[42].

Begrifflich-logisch könnte man sehr wohl die „wirtschaftlichen Anlagen" als Teil des Immissionsschutzes, andererseits aber auch den Immissionsschutz bei wirtschaftlichen Anlagen als Teilbereich des den Betrieb gewerblicher Anlagen unter allen Gesichtspunkten umfassenden Wirtschaftsrechts verstehen. Der Schlüssel zur Auflösung dieser nur scheinbar doppelten Verknüpfung liegt in der Eigenart der grundgesetzlichen Kompetenzzuweisung. Art. 74 verteilt die Kompetenzen nach „Gebieten". Allerdings sind diese Gebiete nur beschränkt vergleichbar, weil sie in ganz unterschiedlicher Form an die zu regelnden Sachverhalte anknüpfen: Weite Lebensbereiche (Recht der Wirtschaft), naturwissenschaftliche Begriffe, konkrete und allgemeine Ziele sind vermischt anzutreffen[43].

Die Zuordnung der Gesetzgebungsmaterien muß notwendig von dieser grundgesetzlichen Einteilung ausgehen; es kann nach Art. 70 Abs. 1 keine andere Bundeskompetenz geben als die ausdrücklich vom GG verliehene. Stellt man bei der Zuweisung von Kompetenzen jedoch die Anknüpfung an den Lebensbereich (Art. 74 Nr. 11) *gleichwertig* neben konkrete Ziele (Art. 74 Nr. 24), so führt dies zu einer Idealkonkurrenz von Bundes- und Landeskompetenz.

Für den Immissionsschutz als solchen wären zwar die Länder zuständig. Soweit es sich um wirtschaftliche Anlagen handelte, träte aber

[41] BVerfGE 15, 1/17.

[42] *Pestalozza*, DÖV 1972, 181/182 m. w. N.

[43] *Stern*, Staatsrecht II, 609.

die Kompetenz des Bundes daneben. Kollisionen wären nach Art. 31 GG zugunsten des Bundesrechts zu lösen[44]. Damit gelangt man jedoch zu einer schleichenden Aushöhlung derjenigen Landeskompetenzen, die sich im Wege der Subtraktion aus einer Vielzahl von Zielen ergeben, aus der einige (hier: Luftreinhaltung und Lärmbekämpfung) dem Bund zugewiesen sind. Dies folgt aus der tendenziell unbeschränkten „Sogwirkung" des unbestimmten Lebensbereichs und läßt sich anschaulich aus der Rechtsprechung des BVerfG zum Baupolizeirecht belegen:

Das BVerfG hat in seinem Baurechtsgutachten das Bauordnungsrecht theoretisch als eigenständige Materie anerkannt und die ausschließliche Gesetzgebungskompetenz der Länder hierfür ebenfalls[45]. Gleichwohl hat es dem Bund die Kompetenz für die spezifisch das Wohnungswesen (Art. 74 Nr. 18) betreffenden Fragen der Bausicherheit zugesprochen und dabei nicht gewürdigt, daß naturgemäß die Bausicherheit von Wohnungen zum Kernbereich des Bausicherheitsrechts gehört[46]. Dies wurde seinerzeit mit dem tröstenden Hinweis verbunden, den Ländern verbleibe ja in jedem Fall die Regelung der Bausicherheit u. a. bei gewerblich genutzten baulichen Anlagen[47]. Ungeachtet dieser Aussage wies das Gericht später die bauordnungsrechtliche Normierung gewerblich genutzter Aufzugsanlagen dem Recht der Wirtschaft zu, obwohl deren Charakter als Teile baulicher Anlagen in der betreffenden Entscheidung durchaus erkannt wurde[48]. Es bedarf keiner besonderen Phantasie, um sich vorzustellen, daß bei einer intensiven Ausschöpfung dieser Möglichkeiten durch den Bundesgesetzgeber die theoretische Kompetenz der Länder für das Bauordnungsrecht alsbald bedeutungslos würde[49].

Wie die Widersprüche in der Rechtsprechung zeigen, war diese Entwicklung vom GG nicht zwingend vorgezeichnet[50]. Sie beruht vielmehr auf einer Gleichsetzung von Unvergleichbarem, nämlich der zielunbestimmten Materien Wohnungswesen und Wirtschaft mit der zielbestimmten Materie Bausicherheit. Gegenstände i. S. eines „Lebensbereichs" sind aber stets allgemeiner als solche Gegenstände, die an bestimmte Ziele anknüpfen, wie es Art. 74 Nr. 24 tut.

---

[44] *Pestalozza*, DÖV 1972, 181/188 - 190.

[45] BVerfGE 3, 407/433.

[46] Vgl. Art. 8, 26 - 29, 30, 33, *45 ff*. BayBauO.

[47] BVerfGE 3, 407/433.

[48] BVerfGE 41, 344/352 f.; vgl. Art. 37 BayBauO.

[49] Für eine umfassende Bundeskompetenz für das Bauordnungsrecht de constitutione lata *Ziegler*, DVBl. 1984, 378 ff.

[50] In dieser Richtung aber etwa *Maunz / Zippelius*, 258: Die Ländergesetzgebung könne über Art. 74 Nr. 11 „lahmgelegt" werden.

Funktion und Ziele des BImSchG sind durchaus ein taugliches Kriterium kompetentieller Zuordnung. Wenn die Anknüpfung an gesetzliche Ziele in der Kompetenzdiskussion als untauglich, weil „materiell", gerügt worden ist, während die Verfassung formell an „Gegenstände" anknüpfe[51], so kann dies nur bei den Kompetenzvorschriften gelten, in denen von Zielen nicht die Rede ist. Verwendet der Verfassunggeber aber selbst Ziele (Funktionen, Zwecke etc.) als Anknüpfungspunkte, dann steht die Berechtigung, solche Ziele zur Abgrenzung heranzuziehen, nicht mehr zur Diskussion. Demgegenüber ist es ein begrifflicher Kunstgriff, die *Funktion* eines Gesetzes dem *„Gebiet"*, auf dem es erlassen wird, als *Gegensatz* gegenüberzustellen[52]. Im Falle von Art. 74 Nr. 24 *konstituiert* die Funktion (Luftreinhaltung und Lärmbekämpfung) eben das „Gebiet". Im übrigen sind Funktionen (i. S. von Sinn und Zweck) eines Gesetzes weder formeller noch materieller als „Gegenstände"[53].

Es wurde bereits vorstehend dargelegt, daß zielbestimmte Landeskompetenzen in ständiger „Aushöhlungsgefahr" schweben. Sollten die gegenständlichen Beschränkungen, wie sie Art. 74 Nr. 24 enthält, nicht völlig leerlaufen und damit ihren vom BVerfG festgestellten Sinn verlieren[54], so muß sich die zielbestimmte Kompetenz als die speziellere und damit sachnähere Regelung gegenüber der begrifflich möglichen Kompetenz aus dem Lebensbereich durchsetzen. Der konkretere Bezug ist im vorliegenden Fall der Immissionsschutz als Materie[55]. Ist aber die Kompetenzzuweisung aus Art. 74 Nr. 24 die speziellere, dann entfaltet ihre enumerativ-beschränkte Formulierung Ausschlußwirkung gegenüber der allgemeineren Zuweisung aus Art. 74 Nr. 11 GG[56].

Ein anderes Ergebnis wäre nur dann denkbar, wenn der wirtschaftsrechtliche Bezug der §§ 22 ff. von gleicher Art und Intensität wäre wie der immissionsschutzrechtliche, wenn nämlich die §§ 22 ff. *spezifisch wirtschaftliche Zwecke* verfolgten[57]. Solches ist jedoch weder aus dem Wortlaut des BImSchG noch aus anderen Quellen zu entnehmen. Der in der amtl. Begründung angesprochene Zweck der Wahrung oder Schaffung von Wettbewerbsgleichheit[58] kann schon deshalb nicht den

---

[51] *Badura*, NJW 1981, 1337/1339.

[52] *Badura*, NJW 1981, 1337/1339.

[53] A. A. *Badura*, NJW 1981, 1337/1339.

[54] s. Fn. 41 u. Fn. 55.

[55] Den Vorrang des Zwecks vor dem Sachbereich hat sehr deutlich herausgearbeitet der HessStGH, ESVGH 32, 20/25. Vgl. dazu auch BVerfGE 60, 175/185.

[56] BVerfGE 5, 25/31.

[57] Sogar spezifisch *wirtschaftspolitische* fordert BVerfGE 8, 143/148. Zur wirtschaftlichen Zielsetzung eines Gesetzes *Lerche*, JZ 1972, 468/472.

immissionsschutzrechtlichen Zwecken gleichgesetzt werden, weil es in diesem Fall nahegelegen hätte, ihn in § 1 oder an anderer Stelle des Gesetzes zu verankern. Die §§ 32 ff. (Beschaffenheit *gewerbsmäßig vertriebener Anlagen*), denen ein solcher Zweck primär zugrunde liegen mag, sind für die Zielsetzung der §§ 22 ff. ohne ersichtlichen Belang. Der auch von den §§ 22 ff. möglicherweise ausgehende Anreiz zur Normierung von Anlagen kann ebenfalls nicht als primäres Ziel, allenfalls als Auswirkung der Vorschriften eingestuft werden[59]. Im übrigen widerspräche es der Systematik der Art. 70 ff. GG, die (bloße) Wahrung der Wirtschaftseinheit als eine in Art. 72 Abs. 2 enthaltene *Bedürfnis*voraussetzung zur Begründung eines *Kompetenztitels* aus dem Katalog des Art. 74 heranzuziehen. Denn nur die *kumulative Prüfung von Art. 74 und 72* verhindert eine reine Bedürfniskompetenz des Bundes im Bereich der konkurrierenden Gesetzgebung[60].

5. Es besteht schließlich *keine Kompetenz des Bundes kraft Sachzusammenhangs.*

Wenn, wie im Fall der sonstigen Immissionen bei n. g. Anlagen, eine Bundeskompetenz aus geschriebenem Verfassungsrecht nicht in Betracht kommt, ist abschließend noch zu erörtern, ob ausnahmsweise eine ungeschriebene Kompetenz kraft Sachzusammenhangs angenommen werden kann[61]. Das BVerfG hat eine solche Kompetenz anerkannt, wenn „ein Übergreifen in eine (dem Bund)[62] nicht ausdrücklich zugewiesene Materie die unerläßliche Voraussetzung wäre für die Regelung einer der Bundesgesetzgebung zugewiesenen Materie"[63].

Ob die damit vorgenommene Ausweitung des (enumerativen) Kompetenzkatalogs zulässig sein kann, soll hier dahinstehen; denn es wird sogleich darzulegen sein, daß auch nach der Argumentation des BVerfG *keine* Kompetenz kraft Sachzusammenhangs vorliegt[64].

Bedeutsam ist zunächst, daß ein „Sachzusammenhang" hier nicht zu einer abstrakten Materie, sondern zu einer *bestehenden* bundesgesetzlichen Regelung nachzuweisen ist. Im Bereich des Rechts der Wirtschaft scheitert die Annahme eines Sachzusammenhangs schon daran, daß eine solche Regelung (etwa: ein umfassendes Gesetz über gewerbliche An-

---

58 BT-Dr. V/3515, S. 8.

59 So BVerfGE 41, 344/355 zu überwachungsbedürftigen Anlagen.

60 *Maunz / Dürig*, GG, Art. 72, Rn. 19; BVerfGE 3, 407/421; *Gruson*, Bedürfniskompetenz, 76.

61 Die begriffliche Abgrenzung zur „Annexkompetenz" wird überzeugend als überflüssig dargestellt bei *Stern*, II, 610 f.

62 Anm. d. Vf.

63 BVerfGE 3, 407/421 u. 26, 246/256.

64 Gegen ungeschriebene Kompetenzen grds. *Maunz / Zippelius*, § 30 II.

lagen) nicht existiert[65]. Auch wenn sie existierte, wäre ein Sachzusammenhang zu einem selbständigen, durch primär nichtwirtschaftliche Zwecke gekennzeichneten Rechtsgebiet nicht zu begründen[66].

Denkbar erscheint es aber, die Regelung sonstiger Immissionen als unerläßlich zur Regelung von Luftverunreinigungen und Lärm zu begreifen. Ein Sachzusammenhang besteht zweifelsohne; aus ihm ergibt sich die Anerkennung des Immissionsschutzes als Rechtsgebiet.

Ob aber die Regelung der sonstigen Immissionen „unerläßliche Voraussetzung" zur Luftreinhaltung und Lärmbekämpfung ist, muß aus mehreren Gründen bezweifelt werden.

Augenfällig ist einmal die Aufteilung, die der Verfassungsgesetzgeber in Art. 74 Nr. 24, der Gesetzgeber in §§ 22 ff. für prinzipiell durchführbar hielt; in beiden Fällen wird zumindest ein Teil der sonstigen Immissionen abgetrennt. Diese Abtrennung kann aber nicht über die Rechtsfigur des „Sachzusammenhangs" für schlechthin undurchführbar erklärt werden. Zudem ist nicht zu verkennen, daß den Luftverunreinigungen und dem Lärm von jeher größere Beachtung geschenkt wurde. Es erscheint daher sinnvoll, die sonstigen Immissionen (zunächst) zur weiteren Beobachtung dem Landesgesetzgeber zu überlassen. Zu beachten ist hier vor allem, daß die sonstigen Immissionen in ihrer praktischen Bedeutung deutlich geringer eingeschätzt werden. So berücksichtigen die Immissionsschutzberichte der Bundesregierung nur Luftverunreinigungen und Lärm[67]. Die bisherige Verordnungspraxis zu § 23 bestätigt gerade für den Bereich der n. g. Anlagen die Sachgerechtigkeit dieser Aufteilung. Die erlassenen Verordnungen betreffen sämtlich Luftverunreinigungen und Lärm[68].

Schließlich kann die Kompetenz kraft Sach*zusammenhangs* allenfalls zum Zwecke der *Abrundung* einer gesetzlichen Regelung zulässig begründet werden. Die in § 22 Abs. 1 Satz 2 vorgenommene Abgrenzung *zerreißt* jedoch gerade Sachzusammenhänge. Denn die Grenze des Bundesrechts ist danach anhand von Kriterien zu bestimmen, die mit Immissionsschutz gar nichts zu tun haben. Entsprechend mühsam und

---

[65] BVerfGE 26, 246/256 (Ingenieur als Berufsbezeichnung).

[66] BVerfGE 8, 143/150.

[67] 1. Immissionsschutzbericht der Bundesregierung v. 24. 7. 1978, BT-Dr. VIII/2006, 3: „Maßnahmen der Bundesregierung im Bereich des Immissionsschutzes beschränken sich auf die Luftreinhaltung und Lärmbekämpfung, weil sie hier besonders dringlich waren und insoweit auch Erkenntnisse über Wirkungen vorlagen. Erschütterungen, Licht, Wärme und Strahlen blieben unberücksichtigt." Ähnlich 2. ImmSchBericht vom 12. 3. 1982, BT-Dr. IX/1458, 5. Sonstige Immissionen werden gar nicht mehr erwähnt; ihre Bedeutung scheint also eher abzunehmen.

[68] s. u. § 4 II 1.

konstruiert fallen auch die Anwendungsversuche in diesem Bereich aus[69]. Demgegenüber ist die Abgrenzung: Luftreinhaltung und Lärmbekämpfung einerseits, sonstige Immissionen andererseits klar und eindeutig. Eine Kompetenz kraft Sachzusammenhangs ist daher zu verneinen.

Gleiches gilt nicht zwingend für die *genehmigungsbedürftigen Anlagen*. Das aufwendige förmliche Genehmigungsverfahren mit seiner umfassend und bestandskräftig regelnden Funktion wird sinnvollerweise auf sämtliche denkbaren Immissionen zu erstrecken sein[70]. Dies entspricht sowohl der Ökonomie des Verwaltungsverfahrens als auch den Interessen des Betreibers; treten nämlich nachträglich, wenn auch nur in ganz wenigen Fällen, sonstige Immissionen auf, so wäre der Bestandsschutz der Genehmigung illusorisch, wenn nicht diese Immissionen auch nach §§ 17, 21 und damit unter Beachtung der Entschädigungspflicht behandelt werden. Die Klärung dieser Frage ist jedoch nicht Gegenstand der vorliegenden Untersuchung, der es allein um die n. g. Anlagen geht. Für diesen Bereich kann der besondere Sachzusammenhang eines Genehmigungsverfahrens dann bedeutsam werden, wenn n. g. Anlagen nach anderen Gesetzen einem Genehmigungsvorbehalt unterworfen sind und dabei das Fachgesetz auch immissionsschutzrechtliche Anforderungen enthält[71]. So wird z. B. der Begriff der schädlichen Umwelteinwirkungen i. S. des *GastG* weit auszulegen sein. Er umfaßt den ganzen Bereich der Legaldefinition des § 3 Abs. 1 BImSchG, auf die das GastG verweist. Deshalb sind Lichtimmissionen aus Gaststätten zwar nicht von den §§ 22 ff. BImSchG, wohl aber von § 4 Abs. 1 Nr. 3 GastG i. V. m. § 3 BImSchG erfaßt.

III. Ergebnis: Keine Kompetenz des Bundes zur Regelung des Schutzes vor sonstigen Immissionen

Nach den bisherigen Ausführungen konnten die eingangs geäußerten Bedenken gegen die Bundeskompetenz zur Regelung sonstiger Immissionen nicht ausgeräumt werden. Die Anknüpfung an das Recht der Wirtschaft war immer schon „mehr oder weniger zufällig“. Der herrschenden Meinung, die lediglich das positive Gesetzesrecht nachzeichnet, kann nicht gefolgt werden.

---

[69] *Sellner / Löwer*, WiVerw. 1980, 221/225: „... gewisse Freizeitgeräte, die keine Geräusche verursachen ... Laser-Licht-Kanonen zu Werbezwecken ...“

[70] Hierzu *Jarass*, § 4 Rn. 6, der insofern eine Annexkompetenz bejaht; a. A. *Schmatz / Nöthlichs*, § 4 Anm. 2.

[71] s. u. § 7.

§§ 22 ff. sind daher nur gültig, soweit sie Luftverunreinigungen und Lärm betreffen. Alle *sonstigen Immissionen* sind nach *Landes*recht zu regeln. Damit erübrigt sich auch der den Problemen des Immissionsschutzes völlig unangemessene Streit über die Reichweite von § 22 Abs. 1 Satz 2[72].

72 Vgl. oben Fn. 69.

§ 2. Der gesetzlich bestimmte Anwendungsbereich

I. Zur Gesetzgebungstechnik: Begriffsbestimmungen der §§ 2, 3 i. V. m. §§ 22 ff.

Bei einer Betrachtung der Gesetzgebungstechnik zeigt sich, daß das Zusammenspiel von „Anwendungsbereich“, Legaldefinitionen und einzelnen Tatbeständen nicht restlos geglückt ist. So ist insbesondere § 2 Abs. 1 Nr. 1 nicht unbedingt erforderlich. Der Anwendungsbereich des Gesetzes ergibt sich insofern ohne weiteres aus dem jeweiligen Tatbestand, da dieser den Begriff der Anlage enthält (vgl. § 22) und im übrigen auf *§ 3* Abs. 5 Nrn. 1 - 3 zur näheren Erläuterung zurückgegriffen werden kann[1].

Verwirrend wirkt die verstreute Abgrenzung der verschiedenen Anlagengruppen in § 3 Abs. 5 einerseits und § 22 Abs. 1 Satz 2 andererseits. Letztere Bestimmung bewirkt nach h. M. die hier schon aus verfassungsrechtlichen Gründen angenommene Beschränkung des Immissionsschutzes auf Luftverunreinigungen und Lärm; nach h. M. aber eben nur bei allen nicht-wirtschaftlichen Anlagen[2].

Es hätte gesetzgebungstechnisch näher gelegen, entweder alle Probleme des Anwendungsbereichs in *einer* Vorschrift vor die Klammer zu ziehen oder aber sie insgesamt in den Tatbestand der §§ 4 und 22 zu verlagern.

II. Der weite Begriff der Anlage

1. Die *Problematik* des Anlagenbegriffs ist von *fehlenden Bestimmungskriterien im Gesetz* gekennzeichnet.

Die Bestimmung des Anlagenbegriffs in §§ 22 ff. i. V. m. § 3 Abs. 5 ist aus mehreren Gründen schwierig: Zum einen greift die Legaldefinition weit über den allgemeinen Sprachgebrauch hinaus. Die in anderem Kontext entstandenen Anlagenbegriffe können ebensowenig Anhalts-

---

[1] *Kutscheidt*, in: LR, BImSchG, § 2 Rn. 2.

[2] Bezeichnend für die verwirrende Aufteilung OVG Münster, ZMR 1980, 219 f.; dort werden Lichtimmissionen aus hoheitlichen Anlagen nach § 22 behandelt. Einschlägig ist aber in jedem Fall das Landesrecht.

punkte für den Bereich der §§ 22 ff. geben. So folgen die Definitionen der Bauordnungen ersichtlich fachgesetzlichen Zielen, die im übrigen auch eine eigene Tradition haben[3]. Der Anlagenbegriff der §§ 16 ff. GewO war stets mit *besonderer* Gefährlichkeit verknüpft, die den Anlagen i. S. von §§ 22 ff. gerade (definitionsgemäß[4]) *nicht* eignet. Es existierte zu diesen Anlagen auch keine Legaldefinition, so daß die Auslegung des § 3 Abs. 5 stets für Wandlungen des Anlagenbegriffs, verglichen mit dem der GewO, offen sein muß. Der den §§ 24 ff. GewO zugrundeliegende Begriff ist nun wiederum so detailliert umschrieben (vgl. § 24 Abs. 3 GewO), daß Analogien zu dieser (Spezial-) Vorschrift ausscheiden. Es ist somit nicht ersichtlich, auf welchen Sprachgebrauch zur Auslegung von § 3 Abs. 5 zurückzugreifen wäre[5].

Ferner fehlt es an einer Konkretisierungsbefugnis des Verordnunggebers, wie sie § 4 Abs. 1 Satz 3 für die genehmigungsbedürftigen Anlagen enthält. Zwar mögen die zu § 23 erlassenen Verordnungen[6] neben einer Ausformung technischer Anforderungen auch eine teilweise Klärung des Anlagenbegriffs bewirken. Selbst ein noch so aktiver Verordnunggeber könnte jedoch nie eine *abschließende* Aufzählung der n. g. Anlagen vornehmen: Hierzu wäre er nicht ermächtigt.

Die Anwendung der somit allein maßgeblichen Legaldefinition in § 3 Abs. 5 wird zusätzlich dadurch erschwert, daß die dort aufgeführten Gruppen von Anlagen untereinander z. T. sehr wenige Gemeinsamkeiten aufweisen, der Anlagenbegriff des BImSchG also inhomogen ist (vgl. nur „Grundstücke“ in Nr. 3 und „Maschinen“ in Nr. 2).

Es verwundert daher nicht, wenn sich zum Bereich der n. g. Anlagen eine reiche und in Randgebieten sehr umstrittene Kasuistik[7] herausgebildet hat, deren Fortentwicklung noch nicht abzusehen ist. Der vorliegende Abschnitt der Untersuchung soll dazu beitragen, die vorhandenen Argumente unter einheitlichen Gesichtspunkten zusammenzufassen. Angesichts der Fülle ebenso knapper wie unverbindlicher Definitionen soll dabei auf die Überprüfung an praktischen Einzelfällen nicht verzichtet werden.

2. Vielfach wird versucht, aus der traditionellen Einordnung des *Immissionsschutzes als „technisches Recht“* die Anlagen i. S. von § 3 Abs. 5 von den nicht technischen Emissionsquellen abzugrenzen[8]. Man

---

[3] Vgl. Art. 2 BayBauO.

[4] § 4 Abs. 1 Satz 1 e contrario.

[5] Zum Sprachgebrauch als Anhaltspunkt s. Begr. Bt-Dr. 7/179, 28; *Kutscheidt*, NVwZ 1983, 65/67.

[6] Aufgeführt bei *Sartorius*, BImSchG, § 23 Fn. 1.

[7] Vgl. nur *Jarass*, BImSchG, vor § 22 Rn. 6 mit zahlr. Beisp.

[8] *Kutscheidt*, NVwZ 1983, 65/66; *ders.*, in: LR, BImSchG, § 3 Rn. 24; *Mar-*

bezieht sich hierbei auch auf eine Formulierung in der amtlichen Begründung[9]. Es kann diesem Ansatz zunächst insofern gefolgt werden, als der Erlaß eines Fachgesetzes objektiv nicht erforderlich gewesen wäre, um den Schutz vor solchen Belästigungen zu gewährleisten, die lediglich auf menschlicher Verhaltensweise beruhen und ohne Schwierigkeiten von den örtlichen Sicherheitsbehörden kontrolliert werden könnten[10]. Damit ist der Begriff des technischen Rechts aber auf die *Anwendung* des Gesetzes zu beziehen, nicht auf einen technischen Gegenstand. Es handelt sich dann um diejenigen Normen, deren Vollzug spezifischen *technischen Sachverstand* voraussetzt[11]. Erst diese Notwendigkeit läßt es sinnvoll erscheinen, fachgesetzliche Eingriffsnormen einzuführen und damit die allgemeine sicherheitsrechtliche Generalklausel mit der jederzeitigen Zuständigkeit der Ortspolizei auszuschalten[12]; stattdessen werden die unteren staatlichen Verwaltungsbehörden (Kreisverwaltung) oder die Gewerbeaufsichtsämter tätig[13]. Trotzdem wird von einigen Autoren daran festgehalten, den Begriff des technischen Rechts ausschließlich auf den Regelungsgegenstand zu beziehen; es wird daher gefordert, nur technische (technisch betriebene) Anlagen unter § 3 Abs. 5 zu fassen[14]. Das kann schon deshalb nicht überzeugen, weil der Gesetzgeber selbst in die Legaldefinition *un*technische Objekte aufgenommen hat (vgl. Nr. 3) und das Tatbestandsmerkmal „technisch" ausdrücklich nur den ortsveränderlichen Einrichtungen zugeordnet ist. Auch entspricht es dem Schutzzweck des Gesetzes eher, von den Auswirkungen, nicht in erster Linie von den Quellen auszugehen. Sofern die Auswirkungen (Immissionen) nur technisch, also mit entsprechendem Sachverstand, zu messen und zu beurteilen sind, greift der *Schutzzweck* des Gesetzes ein und ist gleichzeitig ein taugliches Kriterium zur *Abgrenzung* des Anwendungsbereiches gegeben, das an Präzision dem Merkmal des „technischen Betreibens" jedenfalls nicht nachsteht.

3. Überwiegend werden *Anlagenbegriff und „Betreiben"* miteinander verknüpft[15]. Rein grammatisch erscheint dies überflüssig, denn die ent-

---

tens, DVBl. 1981, 597/600 f.; *Maunz,* in: M-D-H-S, GG, Art. 74, Rn. 119; *Schmatz / Nöthlichs,* § 3, Anm. 13. Mit dem Begriff des technischen Rechts demgegenüber sehr zurückhaltend *Jarass,* BImSchG (durchgehend).

[9] Zu Art. 74 Nr. 24: BT-Dr. V/3515, 8; VI/1298, 5; vgl. ähnlich zum EBImSchG BT-Dr. 7/179, 28.

[10] BT-Dr. VI/1298, 5; 7/179, 28.

[11] *Martens,* DVBl. 1981, 597/600 f.

[12] Str., wie hier *Martens,* 604; dazu noch unten, § 8.

[13] *Jarass,* BImSchG, § 52 Rn. 34 f. m. w. N.; vgl. a. Art. 2 Abs. 1 BayImSchG.

[14] So wohl BT-Dr. 7/179, 28; *Maunz,* GG, Art. 74 Rn. 119; *Kutscheidt,* NVwZ 1983, 65/66; anders aber *ders.,* in: LR, BImSchG, § 4 Rn. 15 für Grundstücke.

[15] Vgl. *Jarass,* § 3 Rn. 49.

sprechenden Vorschriften nennen jeweils gesondert den „Betrieb“ als Tatbestandsmerkmal. Gleichwohl ist es aus praktischen Gründen gerechtfertigt, im Zusammenhang mit der Klärung des Anlagenbegriffs sich (vorgreiflich) bereits auf diejenigen Anlagen zu beschränken, die in irgendeiner Form betrieben werden können. Bei Verweisungen auf den allgemeinen Sprachgebrauch ist jedoch auch hier Vorsicht geboten, werden doch unter „Betrieb“ und „Betreiben“ die unterschiedlichsten Tätigkeiten verstanden[16]. Insbesondere ist es schwer haltbar, auf ein Betreiben im gewerberechtlichen Sinn abzustellen[17]. Denn es erscheint unter dem Gesichtspunkt des Immissionsschutzes gänzlich unerheblich, ob mit einer immissionsträchtigen Tätigkeit Gewinne erzielt werden etc.[18].

Sofern Rechtsprechung oder Literatur unreflektiert auf gewerblichen Betrieb i. S. der §§ 16 ff. a. F. GewO Bezug nehmen[19], erweist sich daran *erneut die Fragwürdigkeit der in der Kompetenzfrage vorherrschenden Auffassung*[20].

Es ist daher wiederum ausschließlich anhand des Gesetzes zu bestimmen, was unter „Betrieb“ zu verstehen ist. Sofern das Gesetz selbst von technischen Einrichtungen spricht, wird auch beim Betreiben ein Ingangsetzen und Unterhalten technischer Prozesse zu fordern sein, und zwar solcher Prozesse, die selbst Immissionen verursachen. Verzichtet das Gesetz auf den technischen Charakter der Anlage, so kann beim Betreiben nicht anderes gelten. Bei Nrn. 1 und 3 muß daher grundsätzlich die schlichte Sachherrschaft über die Anlage ein Betreiben darstellen können.

4. Die mit der „Hundehüttenentscheidung“ des VGH Mannheim[21] ins Spiel gebrachte *Auffang- und Übermittlungsfunktion*, die eine Anlage aufweisen soll, hat zunächst den Vorzug, daß sie den Anlagenbegriff mit dem Zweck des Gesetzes verknüpft. Anlagen sollen also nur diejenigen Einrichtungen sein, die, wenn sie schon selbst keine Immissionen erzeugen, doch die in ihnen entstehenden Emissionen weiterleiten. Dabei wird wohl stillschweigend vom Erfordernis *technisch* (d. h. durch die Anlage *selbst*) erzeugter Immissionen abgerückt. Dem ist zu folgen, weil das Gesetz z. B. in Nr. 3 beim Lagern immissionsträchtiger Stoffe allenfalls auf chemische Prozesse abzielt. Ferner hat der Verordnung-

---

16 s. *Brockhaus* und *Meyer*, Stichwort „Anlage“ mit zahlreichen kontextgebundenen Erläuterungen.

17 Mißverständlich *Kutscheidt*, NVwZ 1983, 65/66 f.

18 s. o. § 1 II.

19 s. *Kutscheidt*, NVwZ, 65/66 mit Hinweis auf BVerfGE 41, 344 ff. und *Heinrich*, GewArch. 1976, 159.

20 s. o. § 1 II.

21 VGH Mannheim, DÖV 1975, 608 m. abl. Anm. von *Engelhardt;* demggü. zust. *Kutscheidt*, NVwZ 1983, 65/66.

geber die Tierhaltung größeren Umfangs in den Kreis der genehmigungsbedürftigen Anlagen einbezogen, ohne sein Konkretisierungsermessen hierbei ersichtlich zu überschreiten; auch dabei kam es ihm nicht auf die Technik der Anlage an[22]. Fraglich ist aber, ob die Funktion der Anlage mit dem Auffangen und Übermitteln zutreffend erfaßt wird. So wird eine teilweise Freilandhaltung von Hennen in gleichem Maße immissionsträchtig sein. Auch erscheint es zufällig, ob Schallwellen, die unmittelbar von Tieren ausgehen, sofort auf Nachbarn etc. einwirken, oder ob sie vorher noch von Wänden o. ä. „aufgefangen" werden. Gleichwohl kann dem Ansatz des VGH ein weiterführender Gedanke entnommen werden. Bezogen auf das Motiv des BImSchG, bestimmten Gefahrenlagen mit technischem Sachverstand zu begegnen, muß gefragt werden, ob Immissionen von einer konkreten Einrichtung so gehäuft und mit Wiederholungsgefahr im gleichen Gebiet auftreten, daß der Sachverstand der Immissionsschutzbehörde sinnvoll eingesetzt ist. Dies ist bei all den Einrichtungen zu bejahen, die Immissionen räumlich und zeitlich *bündeln*. Bloß gelegentlich oder verstreut auftretenden Immissionen kann demgegenüber mit den Mitteln des allgemeinen Sicherheitsrechts „ad hoc" begegnet werden.

In diesem Sinne ist es auch ohne Belang, ob von den betreffenden Einrichtungen spezifisch technische, tierische oder auf menschlichem Verhalten beruhende Immissionen gebündelt werden. In den Bereich der Anlagen i. S. des Niedersächsischen LImSchG hat daher das VG Hannover frühzeitig auch diejenigen Einrichtungen einbezogen, die erst durch menschliches Verhalten zur Quelle von Belästigungen werden. Voraussetzung ist lediglich, daß solche Verhaltensweisen „wesensgemäß mit einer örtlichen oder sachlichen Gegebenheit verbunden" sind[23].

Eben diese wesensgemäße Verbundenheit soll im folgenden mit der *immissionsträchtigen Bündelungsfunktion* umschrieben werden. Jede formelhafte Abgrenzung von verhaltensbedingten und anlagenerzeugten Immissionen scheitert schon daran, daß der Betrieb einer Anlage eben stets *auch* menschliches Verhalten darstellt. Insbesondere im Fall der Betriebsstätten sind in aller Regel dort beschäftigte Personen an der Erzeugung von Immissionen beteiligt. Gleichwohl können diese Betriebsstätten nicht aus dem Anwendungsbereich des BImSchG ausgeklammert werden; nur vollautomatisierte, von Robotern gelenkte Betriebsstätten wären in diesem Sinne nicht mehr „verhaltensbezogen".

---

[22] § 2 Nr. 45 — 4. BImSchV —.

[23] VG Hannover, GewArch. 1969, 274/275; zust. *Heinrichs*, DÖV 1975, 609; grds. zust. auch *Feldhaus*, BImSchG, § 3 Anm. 11.

In diesem Zusammenhang ist es erforderlich, klarzustellen, daß Anlage, Betrieb und Betreiber gleichermaßen nach der immissionsschutzrechtlichen Bündelungsfunktion zu bestimmen sind.

Das lärmerzeugende Verhalten eines angestellten Speditionsfahrers beim nächtlichen Beladen macht diesen nicht zum Betreiber der Betriebsstätte „Speditionshof"[24]. *Adressat* der immissionsschutzrechtlichen Maßnahmen ist vielmehr ausschließlich der für die jeweilige (die Bündelungsfunktion erfüllende) *Anlage* Verantwortliche, z. B. der Betreiber eines Fußballstadions[25]. Hierbei können an das *„Betreiben"* konsequent keine allzu hohen, insbesondere keine technischen Anforderungen gestellt werden. Betreiber in diesem Sinn ist stets derjenige, der die Sachherrschaft über die Einrichtung ausübt und sei es nur dadurch, daß er eine große Anzahl von Besuchern, Benutzern etc. zuläßt, die in der Summe dann durch eigenes Verhalten Belästigungen verursachen. Er ist infolge dieser Stellung als Betreiber unmittelbar kraft Gesetzes auch für die Immissionen verantwortlich. Ob er „Störer" i. S. der (einfach-gesetzlichen) Normen des Polizeirechts ist, spielt keine Rolle[26]. Allenfalls kann aus dem verfassungsrechtlich verankerten Grundsatz der Verhältnismäßigkeit vorrangig gegen den „Verhaltensstörer" einzuschreiten sein. Dahin gehende Bedenken können aber schon nach den Grundsätzen der Verantwortlichkeit des „Zweckveranlassers" ausgeräumt werden. Selbstverständlich kann der einzelne Besucher für die Masse der Immissionen nicht als Anlagenbetreiber und damit nach BImSchG verantwortlich gemacht werden[27]. Daher kommen *ihm gegenüber* nur Maßnahmen aus verhaltenslenkendem Immissionsschutz nach Landesrecht[28] in Betracht. Dies ändert aber nichts an der anlagenbezogenen Verantwortlichkeit des Betreibers. Eine klare Unterscheidung ist daher geboten.

5. Im *Ergebnis* ist demnach die *Bestimmung des Anlagenbegriffs nach der immissionsträchtigen Bündelungsfunktion* vorzunehmen.

Werden Immissionen technisch erzeugt, so ist dies stets *hinreichend*, aber nur im Falle der ausdrücklich technischen Anlagen (§ 3 Abs. 5 Nr. 2) *notwendig* zur Bejahung des Anlagenbegriffs.

---

[24] Vgl. *Kutscheidt*, NVwZ 1983, 65/68.

[25] *Jarass*, vor § 22 Rn. 5 und § 22 Rn. 3.

[26] Hierzu treffend *Rademacher*, 56 f.

[27] *Jarass*, vor § 22 Rn. 5 und § 22 Rn. 3.

[28] Z. B. Art. 2 Abs. 2 Nr. 1 bayFeiertagsG.

III. Geltung des Gesetzes für alle Arten von Anlagen

1. Nach dem *unbeschränkten Anlagenbegriff* des § 3 Abs. 5 und der Zielbestimmung des § 1 spielt der Zweck, zu dem eine Anlage betrieben wird, grundsätzlich keine Rolle mehr. Demnach unterfallen der Legaldefinition sowohl gewerbliche wie nicht gewerbliche, hoheitlich betriebene ebenso wie landwirtschaftliche oder rein privat betriebene Anlagen[29].

2. Eine *Privilegierung hoheitlich betriebener* oder sonst „gemeinwichtiger" *Anlagen* ist *nicht mehr haltbar.* Nach Wortlaut und Entstehungsgeschichte des BImSchG gilt es uneingeschränkt gerade auch für hoheitliche Anlagen. Einschränkungen des Geltungsanspruchs können nur auf Grund förmlicher Gesetze angenommen werden[30].

3. Die §§ 22 ff. gelten ebenso für *kultische Anlagen.*

Dabei sind *Kirchenglocken* als kultische Anlagen der öffentlich-rechtlichen Religionsgesellschaften mehrfach mit einem zunehmend säkularisierten Lärmempfinden in Konflikt geraten. §§ 22 ff. i. V. m. § 3 Abs. 5 Nr. 1 gelten auch für diese mit dem Kirchengebäude in der Regel fest verbundenen, daher ortsfesten Einrichtungen[31]. Staatskirchenrechtliche Bedenken bestehen hiergegen im Ergebnis nicht. Denn im Interesse Außenstehender, durch Geräuschimmissionen Betroffener, sind die §§ 22 ff. als für alle geltende Gesetze i. S. von Art. 140 GG, 137 Abs. 3 WRV von den Kirchen zu beachten[32]. Damit ist allerdings eine immissionsschutzrechtliche Beurteilung im Einzelfall, insbesondere hinsichtlich der Erheblichkeit, noch nicht vorweggenommen[33].

IV. Die Nummern 1 bis 3 mit Einzelfällen

1. *Nr. 1* betrifft *Betriebsstätten und sonstige ortsfeste Einrichtungen.*

Die Einbeziehung der ortsfesten Einrichtungen eröffnet v. a. deshalb einen besonders weiten potentiellen Anwendungsbereich, weil die Regelung nach ihrem Wortlaut *nicht* auf *„technische"* Anlagen beschränkt ist. Entgegen einer mißverständlichen Wendung in der amtlichen Be-

---

[29] So ausdrücklich BT-Dr. 7/179, 39 u. 7/1513, 2.

[30] Vgl. *Ossenbühl,* Staatshaftungsrecht, 89 f. und unten § 6 II.

[31] BVerwGE 68, 62/67.

[32] BVerwGE 68, 62/66; die „wertsetzende Bedeutung des kirchlichen Selbstbestimmungsrechts" (BVerfGE 42, 312/332; 53, 366/404) dürfte dabei gewahrt sein.

[33] BVerwGE 68, 62/67.

gründung[34] kann dieses Tatbestandsmerkmal auch nicht contra legem in den Text des § 3 Abs. 5 hineingelesen werden[35].

a) Der Begriff der *Betriebsstätte* ist definitorisch entbehrlich, insofern er lediglich einen Unterfall der ortsfesten Einrichtung darstellt; er dient aber jedenfalls der Erläuterung. Da der Immissionsschutz insgesamt losgelöst von wirtschaftlichen Erwägungen zu handhaben ist, dürfen unter Betriebsstätten wiederum nicht lediglich gewerbliche verstanden werden. Eine eingehende Abgrenzung der „Betriebsstätte" erscheint angesichts der weiten Fassung von Nr. 3 (Grundstücke, ... auf denen Arbeiten durchgeführt werden ...) unnötig[36].

b) Der allgemeine Begriff der *ortsfesten Einrichtung* ist zunächst zu begrenzen auf solche Gegenstände, die von Menschenhand errichtet oder gestaltet worden sind. Sie sind *ortsfest*, wenn sie mit dem Erdboden unmittelbar oder mittelbar fest verbunden sind, ferner dann, wenn sie ihrer Bestimmung nach ihren Standort auf Dauer beibehalten sollen. Der Zusammenhang mit einer baulichen Anlage ist nicht notwendig[37]. Die Dauerhaftigkeit der Ortsbindung wird man i. S. der obengenannten immissionsträchtigen Bündelungsfunktion als das Äquivalent des technischen (und deshalb auch ohne Ortsbindung immissionsträchtigen) Charakters der ortsveränderlichen Anlagen ansehen müssen. Die 6-Monats-Grenze der § 2 Nr. 33, 46[38], § 4 Nr. 19, 20, 21, 22 und 33 der 4. BImSchV gibt wegen ihrer ganz anderen Zielrichtung allerdings keinen Anhaltspunkt für den Mindestzeitraum der Ortsbindung. In diesen Vorschriften wird primär die Genehmigungsbedürftigkeit bestimmt und das förmliche vom vereinfachten Genehmigungsverfahren getrennt. Dennoch indiziert die gleichlautende Zeitbestimmung im Abgabenrecht[39] und die ähnliche, auf einige Monate Dauer abstellende Abgrenzung im Baurecht[40] die Richtigkeit der mit der 4. BImSchV nur unzureichend begründeten Unterscheidung. Die Ortsfestigkeit muß daher einige Monate andauern.

c) Ortsfeste Einrichtungen bewirken häufig die *Bündelung menschlich verursachter Immissionen*. Diese werden meist durch ihr massenhaftes Auftreten zum Problem.

---

34 BT-Dr. 7/179, 30 zu § 3 d. E.: „ortsfeste technische" Einr.

35 So wohl auch *Schmatz / Nöthlichs*, § 3 Anm. 13.

36 Ebd.

37 *Feldhaus*, § 3 Anm. 12; ähnlich *Kutscheidt*, in: LR, BImSchG, § 3 Rn. 27.

38 *Nicht* Nr. 36, wie häufig zu lesen ist; s. etwa *Kutscheidt*, in: LR, BImSchG, § 3 Rn. 27.

39 § 12 AO.

40 Vgl. *Mang / Simon*, BayBauO, Art. 2 Rn. 11 u. BVerwG, BauR 1977, 109/110.

Zunehmende Aufmerksamkeit wird den mit *Sportanlagen* verbundenen Immissionen gewidmet[41]. Diese stellen dann (unproblematisch) „Anlagen" dar, wenn Sportgeräte selbst Geräusche erzeugen. Sind diese Sportgeräte ortsfest, so ist Nr. 1 gegeben. Sind sie jedoch ortsveränderlich, so scheiden alle nichttechnischen Hilfsmittel als Anlagen aus. Klärungsbedürftig sind daher alle ortsfesten, aber *verhaltens*bedingten Immissionen; ferner die durch nichttechnische Hilfsmittel hervorgerufenen Umwelteinwirkungen. Als Beispiele sind etwa Tennisplätze und Fußballstadien zu nennen. Diese sind „Einrichtungen" und gleichzeitig ortsfest. Sie verfügen darüber hinaus aber auch über die immissionsträchtige *Bündelungsfunktion.* Es bestehen daher keine Bedenken, sie als Anlagen zu bezeichnen[42]. Im Hinblick auf die Bündelung von Geräuschimmissionen gilt das für Sportanlagen gesagte auch für *Kinderspielplätze,* und zwar wegen der örtlichen Bündelung des Lärms gerade für den Kinderlärm selbst. Dem kann wiederum *nicht* entgegnet werden, daß der Kinderlärm kein „im technischen Sinn verstandenes Betreiben" darstellt[43]. Diese Ansicht ist überholt. Ihr liegt noch die durch das Gesetz nicht gestützte Anschauung vom stets technischen Anlagenbegriff zugrunde. Betrieb ist aber im Zusammenhang mit Nr. 1 (ortsfeste Anlagen) lediglich die Ausübung der Sachherrschaft durch Eröffnung einer in der Summierung lästigen Immissionsquelle. Von diesem Betrieb rührt der Lärm sehr wohl her[44]. Die höchstrichterliche Rechtsprechung hat die Frage bisher offengelassen und die §§ 22 ff. nur eventualiter auf Kinderspielplätze angewandt[45].

d) Problematisch ist ferner die *Größenordnung ortsfester Anlagen,* die insbesondere bei nichttechnischen Anlagen gilt. Auf die Regelung in § 2 Nr. 45 der 4. BImSchV wurde bereits hingewiesen. Der Bereich der n. g. Anlagen bewegt sich damit theoretisch zwischen Anlagen mit 1 - 7000 Hennenplätzen oder mit 1 - 700 Mastschweineplätzen. Der klassische Schweinemäster ist daher vom BImSchG in jedem Fall erfaßt. Es wird noch zu untersuchen sein, ob dem in der baurechtlichen Rechtsprechung und Literatur hinreichend Rechnung getragen wird.

---

[41] Vgl. Umweltschutzbericht der Bundesregierung 1976, BR-Drs. 513/76, 58 ff.; 2. Umweltgutachten BT-Dr. 8/1938, 270. s. a. „Der Spiegel" v. 9. 4. 1984, 179.

[42] Für Fußballstadien auch *Jarass,* vor § 22 Rn. 6 und § 2 Rn. 10; zum Tennisplatz, allerdings aus ausschließlich baurechtlicher Sicht, BGH in BRS 39 (1982), 102 ff.; ähnlich BayVGH, BayVBl. 1983, 275 f.

[43] *Kutscheidt,* NVwZ 1983, 65/67 f.

[44] So auch im Ergebnis *Jarass,* vor § 22 Rn. 6.

[45] BVerwG, DÖV 1975, 813/814; offenbar gar nicht gesehen bei OVG Münster, NVwZ 1984, 530 f. (Bolzplatz); bejahend für Außenspielfläche von Kindergärten BayVGH, BayVBl. 1984, 499/500; den Anlagencharakter ebenfalls bejahend *Sellner / Löwer,* WiVerw. 1980, 221/232.

Schwierigkeiten entstehen, wenn die *Größenordnung* der genehmigungsbedürftigen Anlagen *deutlich* unterschritten wird, etwa im Bereich privater Hundehaltung oder auch in der Nebenerwerbslandwirtschaft. Die mit der Zerstörung ursprünglich homogener ländlicher Siedlungsstrukturen einhergehenden immissionsschutzrechtlichen Konfliktlagen sind hinlänglich bekannt. Wenn zur Bestimmung der einschlägigen Rechtsnormen darauf verwiesen wird, daß der einzelne Hund „gehalten", eine Hundepension aber „betrieben" wird, so stellt dies einen Rückgriff auf gewerberechtliche und hier zunächst untaugliche Kategorien dar. Der Hinweis auf historische Bezüge vermag zur Auslegung einer „umfassenden Neuregelung"[46] des Immissionsschutzes ersichtlich nichts beizutragen. Die am Beispiel der Hundehaltung postulierte „Auffang- und Übermittlungsfunktion"[47] erfüllen die Baulichkeiten einer Hundepension nicht mehr und nicht weniger als der einzelne Hundezwinger[48]. Die Frage ist also, ob eine geringfügige Hundehaltung diejenige immissionsträchtige Bündelungsfunktion erfüllt, die die Immissionsschutzbehörde auf den Plan ruft. Aus praktischer Sicht wird der typische „Kläffer" des Nachbarn vorrangig der Ortsbehörde vorzubehalten sein. Mit wachsender Intensität und Reichweite über die unmittelbare Nachbarschaft hinaus erscheint ein Eingreifen der staatlichen Verwaltungsbehörde geboten. Indiz für den Anlagencharakter solcher Tierhaltung ist auch die baurechtliche Genehmigungspflicht; tritt diese ein, so ist die Staatsbehörde ohnehin mit allen öffentlich-rechtlichen Fragen der Einrichtung befaßt.

2. *§ 3 Abs. 5 Nr. 2* betrifft *ortsveränderliche technische Einrichtungen.*

a) Zum *Begriff* der ortsveränderlichen Einrichtungen tritt das Merkmal „technisch" ausdrücklich hinzu. Daher kommen hier in erster Linie motorgetriebene Anlagen in Betracht oder jedenfalls solche, innerhalb deren mechanische Vorgänge ablaufen. Zunächst nichttechnische ortsveränderliche Einrichtungen können dann zu Anlagen i. S. von Nr. 1 werden, wenn ihre Zweckbestimmung dauerhaft zur Ortsfestigkeit hin verändert wird[49]. Unerheblich ist es wiederum, ob diese Geräte etc. bestimmungsgemäß emittieren[50]. Es wäre sonst unverständlich, daß gerade an den Betrieb noch Anforderungen gestellt werden[51]. Verfehlt ist es ebenfalls, hier (nämlich zwischen bestimmungs- und nicht bestimmungs-

---

[46] BT-Dr. VI/1298, 4.

[47] Vgl. VGH Mannheim, DÖV 1975, 608.

[48] Ähnlich *Engelhardt*, DÖV 1975, 609.

[49] Z. B. Wohnwagen, vgl. *Schmatz / Nöthlichs*, § 13 Anm. 14, die aber die Bedeutung der Ortsfestigkeit übersehen.

[50] Anders *Schmatz / Nöthlichs*, § 1 Anm. 1; *Feldhaus*, § 2 Anm. 19; *Sellner / Löwer*, WiVerw. 1980, 223 f.; dagegen *Jarass*, vor § 22 Rn. 5.

[51] *Jarass*, vor § 22 Rn. 5.

gemäß emittierenden Einrichtungen) die Grenze zwischen verhaltenslenkendem und anlagenbezogenem Immissionsschutz zu ziehen. Der Betrieb einer Anlage ist stets menschlich gesteuert, beruht also auf menschlichem Verhalten. Maßnahmen hiergegen werden auch stets auf ein menschliches Verhalten im Sinne eines Tuns oder Unterlassen abzielen (Vorkehrungen, ordnungsgemäße Handhabung), gleichgültig, ob es einer Anlage irgendwann „bestimmt" wurde, zu emittieren.

b) Unter den *Einzelfällen* sind diejenigen *unstreitig*, die selbst *motorgetrieben* sind[52], hier insbesondere Rasenmäher[53].

c) Mit abnehmender *Größe* schwindet auch hier die Evidenz des Anlagencharakters. Dies hat insbesondere dazu geführt, Radiogeräte vom Anlagenbegriff auszunehmen. Wenn dies damit begründet wird, daß sie nicht bestimmungsgemäß emittieren, so kann dem aus soeben dargelegten Gründen nicht gefolgt werden. Die Argumentation ist aber auch in den Prämissen unverständlich. Von Radiogeräten gehen bestimmungsgemäß Geräusche aus. Auch ist es heute nicht mehr üblich, Radiogeräte ausschließlich im häuslichen Bereich und somit jedenfalls nicht *im*mittierend zu benutzen. Ferner wird die Allgemeinheit öffentlich mit erheblichen Immissionen aus tragbaren Tonübertragungs- und -wiedergabegeräten konfrontiert. Der angeblich bestimmungsgemäß immissionsfreie Betrieb ist also kein Argument gegen den Anlagencharakter. Gleichwohl bestehen Bedenken aus dem Gesichtspunkt der oben erwähnten immissionsträchtigen Bündelungsfunktion. Nur entweder ortsfest und dauerhaft emittierende oder besonders weitreichend immittierende Radiogeräte etc. erfüllen dieses Erfordernis. Für die hier interessierenden ortsveränderlichen Geräte wird dies i. d. R. nicht gelten. Ständige Ansammlungen von tragbaren Geräten unterfallen dem Anlagenbegriff nur dann, wenn sie von einem greifbaren Betreiber veranstaltet werden. Die Belästigungen in den Fußgängerzonen der Städte sind daher zumeist nach allgemeinem Sicherheitsrecht oder LandesImSchGen zu behandeln[54].

Aus den gleichen Gründen ist der Gebrauch einfacher handwerklicher Hilfsmittel oder Freizeitgeräte kein Betreiben von Anlagen[55]. Werden solche nichttechnischen Geräte gehäuft und am gleichen Ort eingesetzt, so entfällt über Nrn. 1 (Betriebsstätten, sonstige ortsfeste Einrichtungen) oder 3 (Grundstücke, auf denen Arbeiten durchgeführt werden) das Merkmal „technisch"; *dann* greift wiederum der schlichte

---

[52] Wortlaut: Maschinen.

[53] § 1 — 8. BImSchV — (Rasenmäherlärm).

[54] Abgesehen von dem o. e. Gesichtspunkt (Fn. 50) kann *Jarass* im Ergebnis nicht gefolgt werden.

[55] *Jarass*, § 3 Rn. 51.

immissionsträchtige Bündelungseffekt durch, der diese *Häufung* zu Anlagen macht.

d) *Nr. 2* nimmt *Fahrzeuge i. S. von § 38* aus. Dies sind v. a. Kraftfahrzeuge, wie der Wortlaut von § 38 belegt. Unzutreffend ist es, die Ausnahme auf Kraftfahrzeuge zu beschränken, die am öffentlichen Verkehr teilnehmen[56]. Diese sind vielmehr lediglich in § 38 Satz 3 einer gesonderten Verordnungsermächtigung unterworfen. § 38 gilt also auch für den Betrieb der Kfz, die nicht den Verkehrsgesetzen des Bundes unterliegen[57]. Hätten die anderslautenden vagen Formulierungen der Materialien[58] Gesetzeskraft erlangen sollen, so wäre es erforderlich gewesen, sie in § 38 zum Ausdruck zu bringen. Kfz unterliegen den §§ 22 ff. stets unmittelbar dann, wenn sie nicht als Fahrzeuge, nämlich zur Fortbewegung benutzt werden; insbesondere Kfz als stationäre technische Hilfsmittel oder Teile von solchen kommen hier als Anlagen in Betracht[59]. Der Fall des Werkverkehrs ist mittelbar über Nr. 1 (Betriebsstätten) ohnehin von den §§ 22 ff. erfaßt[60].

3. *§ 3 Abs. 5 Nr. 3* betrifft *Grundstücke.*

a) Im *Kernbereich* der Nr. 3 wird der Begriff des Grundstücks unproblematisch sein. Vom Grundstück müssen nach dem Wortlaut des Gesetzes bestimmungsgemäß Emissionen ausgehen. Geringfügige oder nur gelegentliche Emissionen bleiben außer Betracht, so daß im Ergebnis die landwirtschaftliche Düngung keine wesentliche Einschränkung erfährt[61].

b) *Ausgenommen* bleiben *öffentliche Verkehrswege.* Diese Ausnahme erscheint im Hinblick auf §§ 41 - 43 einsichtig; dort werden die spezifischen und weiträumigeren Probleme des straßenbezogenen Umweltschutzes einer Sonderregelung vorbehalten. Mit den öffentlichen Verkehrswegen sind, wie sich aus § 41 ergibt, öffentliche (und also gewidmete) Straßen bezeichnet. Damit bleiben alle privaten und auch nur tatsächlich öffentlichen Wege[62] im Bereich der §§ 3 (ggf. 4) und 22 ff. Merkwürdig erscheint die Regelung deshalb, weil nach der amtl. Begründung Straßen etc. schon deshalb keine Anlagen sein sollten, weil „sie nicht das Merkmal der örtlichen Begrenzung aufweisen"[63]. Der

---

56 So aber *Kutscheidt*, in: LR, BImSchG, § 2 Rn. 5.

57 *Feldhaus*, § 38 Anm. 7.

58 BT-Dr. 7/179, 27 u. 7/1513, 3 u. 7, wonach nur Fahrzeuge dem § 38 unterfallen, die den öff. Verkehrsgesetzen des Bundes unterliegen.

59 VG Koblenz, — Bordpumpe —; *Feldhaus*, ES BImSchG, § 22 - 3; *Kutscheidt*, NVwZ 1983, 65/68.

60 *Feldhaus*, § 38 Anm. 2 a. E.

61 BT-Dr. 7/179, 30.

62 Vgl. *Cramer*, Straßenverkehrsrecht, § 1 StVO, Rn. 18 ff.

63 BT-Dr. 7/179, 30.

Ausnahme in Nr. 3 kann daher nur klarstellende Wirkung zukommen. In der Regel werden private Verkehrswege unter Nr. 1 (insbesondere Werksverkehr, Betriebshöfe von Speditionen[64]) oder Nr. 3 deshalb fallen, weil auf bestimmten Grundstücken gleichzeitig Arbeiten durchgeführt werden. Sofern dies nicht der Fall ist, z. B. bei einer stark frequentierten privaten Durchfahrt zu einem Wohnhaus, liegt keine Anlage vor. Handelt es sich dabei um Straßenverkehr (tatsächlich öffentlicher Weg), so gilt Straßenverkehrsrecht, im übrigen Landesrecht.

V. Abgrenzung der genehmigungsbedürftigen von den nicht genehmigungsbedürftigen Anlagen

1. Es ist eine *formelle Abgrenzung ausschließlich nach dem BImSchG* vorzunehmen.

Der Kreis der *nicht genehmigungsbedürftigen* Anlagen, der hier allein untersucht werden soll, ist danach zu bestimmen, ob eine Anlage *nach dem BImSchG keiner Genehmigung* bedarf[65]. Das Gesetz stellt zwar in § 22 nicht ausdrücklich nur auf die Genehmigungsbedürftigkeit nach BImSchG ab. Bei weiter Auslegung wären daher alle nach anderen Gesetzen genehmigungsbedürftigen Anlagen den §§ 22 ff. entzogen, ohne gleichzeitig von §§ 4 ff. erfaßt zu sein.

Dieses Ergebnis widerspräche jedoch der Absicht des Gesetzgebers (vgl. § 2), für sämtliche Anlagen i. S. von § 3 Abs. 5 eine Regelung zu treffen[66]. Das Vorhaben des Gesetzgebers ist nur zu verwirklichen, wenn die §§ 22 ff. *lückenlos* an die Regelung der §§ 4 ff. anschließen. Lückenlos ist der Anschluß erst dann, wenn die §§ 22 ff. als Auffangregelung neben § 4 ff. treten; deshalb müssen sie als leges generales verstanden werden, die stets eingreifen, wenn das spezielle Merkmal der Genehmigungsbedürftigkeit *nach § 4* entfällt. Genehmigungserfordernisse nach anderen Gesetzen müssen daher außer Betracht bleiben. Wären nämlich auch die nach GastG oder Bauordnungsrecht genehmigungsbedürftigen Anlagen, die nicht den §§ 4 ff. unterfallen, dem Bereich der §§ 22 ff. eben wegen dieser anderen Genehmigungserfordernisse entzogen, so entstünde innerhalb des BImSchG eine Schutzlücke, die den o. e. Absichten des Gesetzgebers zuwiderliefe. Die in *anderen* Gesetzen enthaltenen Genehmigungserfordernisse können daher auf den Anwen-

---

[64] Vgl. *Kutscheidt*, NVwZ 1983, 65/68; ähnlich OVG Münster, GewArch. 1978, 393.

[65] *Feldhaus*, § 22 Anm. 2; *Jarass*, vor § 22 Rn. 3; *Kutscheidt*, NVwZ 1983, 65/66; *Martens*, DVBl. 1981, 597/606; *Schmatz / Nöthlichs*, § 12 Anm. 3.

[66] BT-Dr. VI/1298, 4 f.; BT-Dr. 7/179, 28 f. u. 38.

dungsbereich der §§ 22 ff. keinen Einfluß haben. Die erwähnte Schutzlücke kann sachlich allenfalls dann gerechtfertigt werden, wenn der fachgesetzliche Genehmigungsvorbehalt in anderen Gesetzen gleichzeitig erschöpfende immissionsschutzrechtliche Bestimmungen enthält. Dies ist etwa bei § 4 Abs. 1 Nr. 3 GastG der Fall. Vorrang genießt § 4 GastG vor den §§ 22 ff. jedoch schon deshalb, weil er den Immissionsschutz des BImSchG aufgreift und darüber hinaus noch weitere Anforderungen enthält. *Deshalb* stellt er gegenüber § 22 das *speziellere* Gesetz dar[67]. Für alle nicht immissionsbezogenen Genehmigungserfordernisse verbleibt es aber bei dem beschriebenen Grundsatz. Die §§ 22 ff. haben daher im Verhältnis zu §§ 4 ff. eine Auffangfunktion. Diese Auffangfunktion wird durch die textliche Anordnung des BImSchG *bestätigt*. Auch wird auf diesem Weg innerhalb des BImSchG ein einheitlicher Begriff der Genehmigungsbedürftigkeit gewahrt[68].

2. Zusätzliche Fragen ergeben sich bei der *Einordnung der lediglich anzeigepflichtigen Anlagen i. S. von § 67 Abs. 2.*

a) Nach dem *Gesetzeswortlaut* lassen sich die lediglich anzeigepflichtigen Anlagen sowohl den §§ 4 ff. als auch den §§ 22 ff. zuordnen. Es handelt sich bei diesen um Anlagen, die zwar in der 4. BImSchV enthalten sind, die jedoch bei Inkrafttreten der VO bereits errichtet waren und bis zu diesem Zeitpunkt keiner Genehmigung bedurften. § 67 Abs. 2 betrifft definitionsgemäß nur genehmigungsbedürftige Anlagen, beseitigt für sie aber gleichzeitig das Genehmigungserfordernis, so daß sie im Ergebnis doch nicht genehmigungsbedürftig sind.

b) Aus *systematischen Gründen* sollen nach überwiegender Meinung die anzeigepflichtigen Anlagen nicht den §§ 22 ff. unterfallen[69]. Wenn aber die gleiche Auffassung aufgrund einer vermeintlichen Regelungslücke auf die analoge Anwendung des § 25 Abs. 2[70] zurückgreift, so spricht dies nicht für systematische Klarheit, sondern eher für das Vorliegen einer Notlösung. Die anzeigepflichtigen Anlagen können jedoch ohne systematischen Bruch den für sie geltenden Vorschriften zugeordnet werden. Hierfür ist zunächst ein Trugschluß aufzuklären: Es wird in der Literatur zutreffend davon ausgegangen, daß n. g. Anlagen

---

67 *Jarass*, vor § 22 Rn. 8; s. u. § 7 III.

68 Aus den genannten Überlegungen *ergibt sich* erst, welche *Systematik* dem BImSchG zugrunde zu legen ist. Ein Zirkelschluß ist es aber, aus einer semantisch und gesetzestechnisch nicht ohne weiteres begründbaren Systematik dieses Ergebnis *schließen* zu wollen, wie es teilweise versucht wird; vgl. etwa *Kutscheidt*, NVwZ 1983, 65/66.

69 *Kutscheidt*, NVwZ 1983, 65/66 und in: LR, BImSchG, § 4 Rn. 39; etwas differenzierter *Jarass*, § 67 Rn. 10 ff.; grds. gegen die (direkte) Anwendung der §§ 22 ff. auch BVerwG, UPR 1984, 103 f.

70 *Jarass*, § 67 Rn. 12; BVerwG, UPR 1984, 103 f.

nur diejenigen seien, die keiner Genehmigung nach dem BImSchG bedürften. Weiter wird zutreffend ausgesagt, daß die genehmigungsbedürftigen Anlagen in der 4. BImSchV abschließend bestimmt würden[71].

Falsch ist es aber nun, wenn behauptet wird, nicht genehmigungsbedürftig seien daher (!) alle nicht in der einschlägigen VO aufgezählten Anlagen[72]. Denn diese Umkehrung setzt voraus, daß die Aufzählung in der VO nicht nur abschließend, sondern auch im logischen Sinne eindeutig ist; d. h., daß tatsächlich alle in der VO aufgezählten Anlagen stets genehmigungsbedürftig sind. Daß dies jedoch gerade nicht der Fall ist, zeigt die Ausnahmevorschrift des § 67 Abs. 2. Die dort genannten Anlagen sind zwar in der VO aufgezählt; denn sie weisen „materiell" die besondere Gefährlichkeit auf, der grundsätzlich mittels der §§ 4 ff. begegnet werden soll. Dies kann jedoch wegen der Rechtsfolge des § 67 Abs. 2 (bloße Anzeigepflicht) „formell" nicht im Genehmigungsverfahren geschehen. Daraus ist zu ersehen, daß die anzeigepflichtigen Anlagen formell n. g. Anlagen darstellen.

c) Hiernach sind folgende Vorschriften anwendbar: Vom Wortlaut her sind die §§ 22 ff. auf anzeigepflichtige Anlagen anwendbar. Sie werden jedoch verdrängt, soweit sich die §§ 4 ff. als leges speciales erweisen. Leges speciales können im Fall der anzeigepflichtigen Anlagen nur diejenigen der §§ 4 ff. sein, die weder die Erteilung der Genehmigung für die bestehende Anlage regeln, noch eine erteilte Genehmigung voraussetzen[73]. Es entfällt also der „formelle" Teil[74] der §§ 4 ff., der „materielle" Teil, insbesondere die Grundpflichten, gilt.

Daraus ergibt sich für die anzeigepflichtigen Anlagen *im einzelnen:*

§ 22 ist insgesamt durch die weitergehende und unmittelbar unabhängig von der Genehmigung geltende[75] Grundpflichtennorm des § 5 verdrängt[76]. § 7 (Verordnungsermächtigung) hat Vorrang vor § 23; soweit jedoch noch keine Verordnungen nach § 7 erlassen sind[77], steht einer Anwendung der nach § 23 erlassenen Verordnungen als Auffangregelungen nichts im Wege. Unabhängig von der hier gewählten Konstruktion (Spezialität) wird die *Anordnungsvorschrift* des § 24 *kraft Ge-*

---

71 *Kutscheidt*, NVwZ 1983, 65/66.

72 Ebd.

73 Ähnlich *Jarass*, § 67 Rn. 12, der aber auf die §§ 22 ff. dennoch nicht direkt zurückgreift.

74 BT-Dr. 7/179, 48, weil der Zweck umfassender Prüfung *vor* Errichtung nicht mehr erreicht werden kann.

75 *Jarass*, § 5 Rn. 1.

76 Ob dies uneingeschränkt auch für das Vorsorgeprinzip (§ 5 Nr. 2) gelten kann, erscheint zweifelhaft, ist jedoch für die §§ 22 ff. ohne Belang, da diese jedenfalls von § 5 Nr. 1 u. 3 verdrängt werden.

77 Vgl. erstmals 13. BImSchV vom 22. 6. 1983, BGBl. I, 719.

setzes (§ 17 Abs. 4) vollständig durch § 17 Abs. 1 und 3 verdrängt. Gleiches gilt für § 25 Abs. 1. Zweifelhaft ist lediglich, ob der Betrieb einer anzeigepflichtigen Anlage *nur* nach vorausgehender Anordnung (§ 20) *untersagt* werden kann oder ob daneben eine unmittelbare Untersagung wegen der Gefährdung von Menschen oder bedeutender Sachwerte auch nach § 25 Abs. 2 in Betracht kommt.

Für solche Gefahrenlagen stellen die §§ 4 ff. das Instrument des Widerrufs zur Verfügung (§ 21). Diese Vorschrift paßt schon ihrer Rechtsfolge wegen nicht auf die (nicht genehmigten) Anlagen i. S. von § 67 Abs. 2. Ein Widerruf im eigentlichen Sinn wäre gegenstandslos. Vor allem aber gewährt § 21 Bestandsschutz durch Wertersatz. Damit trägt § 21 aber der Interessenlage nach *erteilter* Genehmigung Rechnung, nicht primär der besonderen Gefährlichkeit genehmigungsbedürftiger Anlagen. Er kann § 25 aus beiden genannten Gründen nicht verdrängen.

Dies leuchtet auch vom Ergebnis her ein. Denn § 21 privilegiert die von ihm erfaßten Anlagen gegenüber den nach § 25 zu untersagenden Einrichtungen. Die Betreiber anzeigepflichtiger Anlagen würden somit gerade aufgrund der größeren Gefährlichkeit vor Maßnahmen nach § 25 Abs. 2 geschützt oder zumindest wirtschaftlich besser gestellt. Eine solche Privilegierung kommt aber nicht einmal denjenigen Betreibern zugute, die bereits vor Inkrafttreten des BImSchG den Betrieb einer *nicht* genehmigungsbedürftigen Anlage begonnen haben. Sie kann daher erst recht nicht für die Betreiber *besonders* lästiger Anlagen gelten[78] (zur Verfassungsmäßigkeit von § 25 Abs. 2 s. u. § 5 IV 3). Die Anwendung des § 25 Abs. 2 kann schließlich auch nicht ausgeschlossen sein, weil die Anlage i. S. von § 67 Abs. 2 ordnungsgemäß angezeigt wurde. Eine Legalisierungswirkung der Anzeige würde dem Überwachungszweck des Gesetzes direkt zuwiderlaufen; denn die Anzeige ermöglicht ja erst eine Kenntnisnahme der Behörde. Da eine Überprüfung im Genehmigungsverfahren nicht stattfindet, müssen die Grundpflichten bei anzeigepflichtigen Anlagen ebenso wie bei sonstigen nicht genehmigungsbedürftigen Anlagen im (nachträglichen) Anordnungsverfahren gleichermaßen uneingeschränkt durchsetzbar sein. Die Anzeige legalisiert daher nicht[79].

d) Im *Ergebnis* ist daher festzuhalten, daß von den hier untersuchten §§ 22 ff. *nur § 25 Abs. 2 auf anzeigepflichtige Anlagen anzuwenden* ist[80], dies jedoch uneingeschränkt.

---

[78] BVerwG, UPR 1984, 103 f.

[79] Allg. M.: BVerwGE 55, 118/124; BVerwG, UPR 1984, 103 f.; *Feldhaus*, § 67 Anm. 5; *Martens*, DVBl. 1981, 597/608; mißverständlich nur *Jarass*, § 67 Rn. 11, wonach die Anzeige die Genehmigung ersetzt; klargestellt im hier beschriebenen Sinne jedoch *Jarass*, § 21 Rn. 3 u. 12: Keine Legalisierung!

VI. Der räumliche Umfang der nicht genehmigungsbedürftigen Anlagen

1. Die räumliche Abgrenzung hat eine zweifache *Bedeutung für die Anwendung des Gesetzes.*

Befinden sich mehrere immissionsträchtige Einrichtungen und sonstige Emittenten in engem räumlichen Zusammenhang, so stellt sich die Frage, ob einzelne oder mehrere zusammen eine Anlage i. S. von § 3 Abs. 5 bilden.

Die Bestimmung des räumlichen Umfangs der Anlagen ist in doppelter Hinsicht bedeutsam:

— Erstens sind die n. g. Anlagen von benachbarten genehmigungsbedürftigen Anlagen abzugrenzen.

— Zum zweiten ergibt der räumliche Umfang verschiedener Immissionsquellen, ob noch anlagenerzeugte oder schon verhaltensbedingte Immissionen vorliegen. Hieraus folgt *eine* mögliche Abgrenzung von Bundes-Landesrecht.

Eine dritte Grenzziehung hat sich als *Scheinproblem* erwiesen, nämlich die Frage, ob mehrere selbständige n. g. Anlagen eine n. g. Gesamtanlage bilden können. Die Frage ist aus dem Wortlaut des § 3 Abs. 5 unproblematisch zu bejahen. Sie hat jedoch keinerlei Auswirkung auf die Handhabung der §§ 22 ff. Verneinte man nämlich den Anlagencharakter der „Gesamtanlage", so blieben die §§ 22 ff. gleichwohl gegenüber jeder *einzelnen* Anlage anwendbar; umgekehrt wären sie bei Vorrang der Gesamtanlage dennoch auf alle einzelnen Teile dieser Gesamtanlage anzuwenden; denn wenn z. B. Anordnungen zur Immissionsbegrenzung der ganzen Anlage ergehen können, dann können sich diese erst recht auf Teile derselben beziehen.

Diejenigen Entscheidungen, die dennoch Abgrenzungsversuche in dieser Richtung unternommen haben[81], sind zu Recht als lediglich verwirrend abgelehnt worden[82]. Ihre Argumentation weicht stark vom Gesetz ab: Anlage sei stets das, worauf sich die Genehmigung (sic) beziehe[83]. Dem ist nicht zu folgen. Es liegt auf der Hand, daß bei n. g. Anlagen nicht mit Rechtsfiguren gearbeitet werden kann, die weder dem dort einzuhaltenden Verwaltungsverfahren noch der Interessenlage

---

80 So im Ergebnis auch im Wege der Analogie BVerwG, UPR 1984, 103; *Jarass*, § 67 Rn. 12; *Martens*, DVBl. 1981, 597/608.

81 OVG Lüneburg, GewArch. 1975, 275; VG Hannover, DVBl. 1976, 809/810.

82 *Kutscheidt*, NVwZ 1983, 65/67; zweifelnd auch *Sellner*, Industrieanlagen, 7.

83 OVG Lüneburg, GewArch. 1975, 275/276.

entsprechen. Noch weiter vom Gesetz entfernt sich das VG Hannover[84], wenn es einem Gesamtbetrieb den Anlagencharakter unter Hinweis auf §§ 16 ff. GewO abspricht, ohne auf die Legaldefinition des § 3 Abs. 5 Nr. 1 (Betriebsstätten) auch nur einzugehen. Der Hinweis auf den engen Anlagenbegriff der 4. BImSchV ist schon deswegen verfehlt, weil der Verordnunggeber hier verpflichtet war, gerade die besonders gefährlichen Einrichtungen herauszugreifen; er *durfte* also den weiten Anlagenbegriff des § 3 Abs. 5 nicht voll ausschöpfen. Bei §§ 22 ff. besteht keine solche Beschränkung.

Es kann hier also nicht von einem Anlagenbegriff schlechthin gesprochen werden. Vielmehr ist auf den jeweiligen *Kontext* zu achten, der im Falle der genehmigungsbedürftigen Anlagen anders zu beurteilen ist als bei den n. g. Anlagen[85].

2. Die *räumliche Reichweite der genehmigungsbedürftigen* Anlagen wird im Rahmen von § 3 Abs. 5 näher durch die technischen Begriffe der 4. BImSchV konkretisiert. Was danach Anlage i. S. von § 4 ist, kann nicht mehr Anlage i. S. von §§ 22 ff. sein. Auch einzelne Teile von Fabriken, Anstalten etc., die für sich genommen als n. g. Anlage angesehen werden könnten, sind nicht nach §§ 22 ff. zu behandeln, wenn sie einmal Gegenstand der §§ 4 ff. sind. Denn die Legalisierungs- und Konzentrationsfunktion des Genehmigungsverfahrens würde sonst durch Anordnungen nach §§ 22 ff. bezüglich einzelner Teilanlagen, damit im Ergebnis aber mit Auswirkungen für die Gesamtanlage umgangen[86]. Hieraus folgt, daß bei der Auslegung der Anlagenbegriffe der 4. BImSchV stets ein weiter Anlagenumfang anzustreben ist[87]. Im Zweifel sind v. a. betriebsnotwendige Teile als Bestandteile der Anlagen i. S. von § 4 anzusehen und damit einer Einwirkung nach §§ 22, 24, 25 zu entziehen.

3. Schließlich ist auf die *räumliche Abgrenzung der n. g. Anlagen von sonstigen Immissionsquellen* einzugehen.

Die Reichweite der n. g. Anlagen gegenüber sonstigen Immissionsquellen, die keine Anlagen darstellen, kann ausschließlich nach dem weiten § 3 Abs. 5 bestimmt werden. Auf die konkreteren Begriffe der 4. BImSchV kann wegen der ganz anderen Interessenlage nicht zurückgegriffen werden. Die 4. BImSchV stellt definitionsgemäß nur einen verengten Ausschnitt des Anlagenbegriffs dar; hierin nicht enthaltene Immissionsquellen können ebensogut nicht genehmigungsbedürftige

[84] DVBl. 1976, 809/810.

[85] *Sellner*, Industrieanlagen, 7, unter Hinweis auf die Legalisierungsfunktion der Genehmigung.

[86] *Jarass*, § 4 Rn. 17 ff.; *Sellner*, Industrieanlagen, 7.

[87] *Jarass*, § 4 Rn. 17 ff.

wie „Nichtanlagen" darstellen. Finden z. B. im räumlichen Zusammenhang mit einer Anlage immissionsträchtige Tätigkeiten statt, so kann wegen des auch nichttechnische Einrichtungen umfassenden Anlagenbegriffs[88] nicht darauf abgestellt werden, ob zwischen der Anlage i. e. S. und den Betätigungen ein betriebstechnischer oder wirtschaftlicher Zusammenhang besteht. Die genannten Zusammenhänge können aber ein Indiz für die zugrundeliegende immissionsträchtige Bündelungsfunktion[89] darstellen. So stellt das lärmende „Verhalten" von Arbeitern einer Spedition auch in der Nähe des Betriebshofs noch eine von der Anlage ausgehende Immission dar[90], weil und insoweit es der Sachherrschaft und Leitungsmacht des Betreibers der Spedition unterliegt. Dagegen sind lärmende Anwohner, die sich regelmäßig an einer Telefonzelle treffen[91], nicht dieser Anlage zuzurechnen. Sie sind deshalb eine Immissionsquelle eigener Art; da sie nicht unter die Definition von Abs. 5 fallen, kann gegen sie nur nach Landesrecht eingeschritten werden.

---

88 s. o. § 2 II 2.

89 s. o. § 2 II 4.

90 Vgl. *Kutscheidt*, NVwZ 1983, 65/68; gänzlich übersehen von BayObLaG, BayVBl. 1984, 347 f.

91 VGH Mannheim, DVBl. 1984, 881.

Zweiter Abschnitt

Der Inhalt der §§ 22 ff. BImSchG

§ 3. Die Grundpflichten nach § 22 Abs. 1 Satz 1

I. Vergleich zwischen § 5 und § 22 Abs. 1 Satz 1

Die Besonderheiten des Immissionsschutzes bei n. g. Anlagen sind vornehmlich aus dem Vergleich mit den weitergehenden Anforderungen an genehmigungsbedürftige Anlagen in § 5 Nrn. 1 bis 3 zu erkennen. Die beiden Pflichtennormen können einander unter vier Gesichtspunkten gegenübergestellt werden. Die damit angesprochenen Maximen sind jeweils in unterschiedlicher Weise und Intensität verwirklicht:

	§ 5	*§ 22 Abs. 1 Satz 1*
Immissionsschutzrechtliches Schutzprinzip[1]	Nr. 1, 1. Alt.	Nrn. 1 u. 2
Abwehr sonstiger Gefahren	Nr. 1, 2. Alt.	—
Vorsorgeprinzip	Nr. 2	—
Entsorgungsgebot	Nr. 3	Nr. 3

Die Gegenüberstellung, die im folgenden zu erläutern ist, zeigt auf, daß nicht genehmigungsbedürftige Anlagen nach § 22 Abs. 1 Satz 1 nur dem Schutzprinzip und dem Gebot der Entsorgung unterliegen. Inwieweit dies der Fall ist, soll anschließend dargestellt werden. Darüber hinaus bedarf es der Begründung, daß § 22 Abs. 1 das Vorsorgeprinzip ausklammert, dem im übrigen Umweltrecht eine wichtige Rolle zukommt[2].

1. *Das immissionsschutzrechtliche Schutzprinzip* ist zunächst *im Vergleich* der §§ 5 Nr. 1, 1. Alt. bzw. 22 Abs. 1 Satz 1, Nrn. 1 und 2 darzustellen.

Dem Betreiber n. g. Anlagen wird weniger an Schutz vor Immissionen abverlangt als dem Betreiber einer genehmigungsbedürftigen An-

---

[1] Oder: „Abwehrprinzip"; zur Terminologie *Jarass*, § 5 Rn. 4.

[2] *Sendler*, JuS 1983, 255/256; einschränkend *Rengeling*, Die immissionsschutzrechtliche Vorsorge (durchgehend).

lage. Während nach § 5 Nr. 1 schädliche Umwelteinwirkungen überhaupt nicht hervorgerufen werden dürfen, enthält § 22 Abs. 1 in Nrn. 1 und 2 nur ein relatives Verbot schädlicher Umwelteinwirkungen. Ohne auf das Verhältnis von § 22 Abs. 1 Satz 1 *Nr. 1* und *Nr. 2* jetzt schon abschließend eingehen zu wollen, kann folgendes festgestellt werden: Sie verbieten schädliche Umwelteinwirkungen nicht schlechthin, sondern fordern nur eine Beschränkung nach dem *Stand der Technik* (Nr. 1); sind schädliche Umwelteinwirkungen nach dem Stand der Technik unvermeidbar, so sind sie auf ein *Mindestmaß* zu beschränken (Nr. 2). Konsequenz dieser unterschiedlichen Ausgestaltung ist vor allem, daß eine genehmigungsbedürftige Anlage, die schädliche Umwelteinwirkungen hervorruft, nicht betrieben werden darf und demzufolge auch nicht genehmigungsfähig ist. Hingegen kann eine n. g. Anlage trotz schädlicher Umwelteinwirkungen noch betrieben werden, wenn die Beschränkungen nach § 22 Abs. 1 Nrn. 1 und 2 solche Immissionen nicht völlig verhindern[3].

2. Es besteht nach § 22 *keine Pflicht zur Abwehr sonstiger Gefahren*[4].

Sonstige Gefahren etc. (z. B. Brand, Explosion) müssen nach § 22 Abs. 1 nicht vermieden werden. Dies ergibt sich im Umkehrschluß aus § 5 Nr. 1, 2. Alt., wo die sonstigen Gefahren ausdrücklich erwähnt sind, während sie in § 22 nicht angesprochen werden. Im übrigen beschränkt auch § 1 das Ziel der Abwehr *sonstiger* Gefahren, erheblicher Nachteile und erheblicher Belästigungen auf genehmigungsbedürftige Anlagen. Der sachliche Grund liegt darin, daß das Genehmigungsverfahren möglichst umfassend gestaltet werden sollte[5]; hierfür besteht im nicht förmlichen Anordnungsverfahren nach §§ 24, 25 kein Bedürfnis. Es bestünde auch aus dargelegten Gründen keine Gesetzgebungskompetenz des Bundes zur Abwehr sonstiger Gefahren etc. bei n. g. Anlagen[6].

3. Ferner trifft den Betreiber aus § 22 *keine Verpflichtung zur Vorsorge.*

Das immissionsschutzrechtliche Vorsorgeprinzip ist lediglich in § 5 Nr. 2 erwähnt; § 22 Abs. 1 enthält keine entsprechende Anforderung. Hieraus muß im Umkehrschluß gefolgert werden, daß § 22 nicht zur Vorsorge verpflichten kann[7].

---

3 A. A. *Leisner*, Waldsterben, 15, der offenbar die Rechtswidrigkeit *aller* schädlichen Umwelteinwirkungen annimmt.

4 Begr. BT-Dr. 7/179, 28: Brand, Explosion.

5 Ebd.

6 s. hierzu schon oben § 1 I 2 f. (weiterreichende Gesetzgebungskompetenz bei genehmigungsbedürftigen Anlagen) und § 2 VI 2 (weiterer Umfang der genehmigungsbedürftigen Anlage).

7 Ganz allgemeine Meinung: *Feldhaus*, § 22 Anm. 7; *Jarass*, § 22 Rn. 4; *Kutscheidt*, NVwZ 1983, 65/68; *Sellner / Löwer*, WiVerw. 1980, 221/234.

Zwar gehört die immissionsschutzrechtliche Vorsorge nach § 1 zu den allgemeinen Zielen des Gesetzes; diese Zielbestimmung ersetzt aber die konkrete gesetzliche Ausgestaltung nicht, wie die Existenz von § 5 Nr. 2 gerade zeigt. Die allgemeine Zielsetzung des § 1 wäre auch zu unbestimmt, dies um so mehr, als das Vorsorgeprinzip selbst in seiner konkreteren Fassung in § 5 Nr. 2 verfassungsrechtlichen Bedenken im Hinblick auf den Bestimmtheitsgrundsatz begegnet[8].

Schwer verständlich erscheint es daher, wenn in der Verwaltungspraxis versucht wird, aus § 22 Abs. 1 Satz 1 Nr. 1 „in Verbindung mit" § 1, letzter Halbsatz, das Vorsorgeprinzip ableiten zu wollen[9]. § 22 und § 1 unterscheiden sich gerade in diesem Punkt. § 1 differenziert deutlich zwischen „Schutz" und „Vorsorge". Wenn § 22 dann nur von „Schutz" spricht, ergibt sich gerade aus der Verbindung mit § 1, daß Vorsorge in § 22 nicht gefordert wird.

Der Verzicht auf das Vorsorgeprinzip in § 22 kann allerdings nicht mit der verfahrensrechtlichen Ausgestaltung des Immissionsschutzes in §§ 4 ff. einerseits und §§ 22 ff. andererseits erklärt werden. Das Fehlen der Vorsorgepflicht bei n. g. Anlagen soll angeblich „Folge der unterschiedlichen Gesetzeskonzeption beider Regelungsbereiche" sein[10]. Abgesehen davon, daß in einem so umstrittenen Bereich wie der Vorsorge[11] Konzeptionen sich oft als wenig tragfähig erweisen, kann diese Verbindung von materiellem Immissionsschutzrecht und Verfahren auch in der Sache nicht überzeugen. Die erwähnte „Konzeption" soll nun darin bestehen, daß genehmigungsbedürftige Anlagen einer „präventiven" Kontrolle im Genehmigungsverfahren unterliegen, n. g. Anlagen aber durch „nachträgliche" Maßnahmen nach §§ 24, 25 kontrolliert werden. „Präventiven" Charakter hätten aber die Verordnungen nach § 23; dort fände auch das Vorsorgeprinzip seinen Niederschlag[12].

Es trifft zwar zu, daß die n. g. Anlagen keiner vorausgehenden Kontrolle unterliegen. Im übrigen ist dieser Auffassung jedoch folgendes entgegenzuhalten:

Das Vorsorgeprinzip kann sowohl im Genehmigungsverfahren wie im Anordnungsverfahren durchgesetzt werden. Eine entsprechende Anordnung wird dann lauten, *ex nunc* Vorsorge zu treffen. Da diese Anordnung die künftige Realisierung von Gefahren verhindert, ist sie auch präventiv — wie es dem Charakter des BImSchG als Sonderpolizei-

---

[8] *Rengeling*, 31 ff., insbes. 46 f.

[9] Bek. d. BayStMLUM zu § 24 (LUMBl. 1977, 59).

[10] *Kutscheidt*, NVwZ 1983, 65/68.

[11] Zu den unterschiedlichen Begriffen von Vorsorge s. *Rengeling*, 17 ff.

[12] *Kutscheidt*, NVwZ 1983, 65/68.

gesetz entspricht. Eine Anordnung ist natürlich auch dann präventiv, wenn sie die (künftige!) Einhaltung des Schutzprinzips gebietet[13]. Das Vorsorgeprinzip als materielle Pflicht des Betreibers hat also mit den beschriebenen Handlungsformen oder dem Zeitpunkt eines behördlichen Einschreitens gar nichts zu tun. Wäre es anders, so müßte § 17 umformuliert werden. Nach Abs. 1 dieser Vorschrift sind gerade nachträgliche Anordnungen zur Durchsetzung der Grundpflichten des § 5 vorgesehen, also auch des Vorsorgeprinzips[14].

Schließlich wäre die angeblich gesetzgeberische „Konzeption" in sich widersprüchlich, wenn sie aus Verfahrensgesichtspunkten das Vorsorgeprinzip aus § 22 verbannte, es aber in § 23 zur Geltung brächte: Die nach § 23 begründeten Pflichten werden, nicht anders als die Grundpflichten des § 22, durch Anordnungen nach §§ 24, 25 durchgesetzt. Verfahrensmäßig tritt lediglich die Möglichkeit eines Bußgeldes nach §§ 62 Abs. 1 Nr. 7, Abs. 3, § 23 Abs. 1 i. V. m. einer VO hinzu. *Diese* Maßnahme ist nun aber auch im Sinne der polizeirechtlichen Terminologie nicht mehr präventiv, sondern repressiv. Sie kann daher erst recht nicht den vermeintlichen Zusammenhang zwischen materiellem Immissionsschutzrecht und verfahrensrechtlicher Ausgestaltung begründen.

Der Verzicht auf ein Genehmigungsverfahren und auf das Vorsorgeprinzip kann also plausibel nur damit erklärt werden, daß der Gesetzgeber die Umweltbelastung durch n. g. Anlagen geringer eingeschätzt hat[15], soweit es sich um die einzelne Anlage handelt. De lege ferenda bedeutet dies, daß materiell für n. g. Anlagen eine Einführung des Vorsorgeprinzips auch dann in Frage kommt, wenn auf die Genehmigungspflicht weiterhin verzichtet wird.

4. Für beide Arten von Anlagen gilt schließlich das *Gebot der Entsorgung* (§ 5 Nr. 3 und § 22 Abs. 1 Satz 1 Nr. 3).

Allerdings müssen Betreiber n. g. Anlagen die Abfallbeseitigung nur ermöglichen, während bei genehmigungsbedürftigen Anlagen die Verwertung (Recycling) geboten ist.

---

[13] Vgl. BVerwGE 55, 118/121 f.; *Jarass*, § 5 Rn. 11.

[14] *Feldhaus*, § 17 Anm. 6; *Jarass*, § 17 Rn. 12; *Schmatz / Nöthlichs*, § 17 Anm. 3 unter Hinweis auf BVerwG, U. v. 18. 5. 1982, DVBl. 1982, 958 ff.

[15] Begr. BT-Dr. 7/179, S. 38; ebenso *Feldhaus*, § 22 Anm. 4; a. A. *Kutscheidt*, NVwZ 1983, 65/68.

II. Das Schutzprinzip in § 22 Abs. 1 Satz 1 Nr. 1 und 2 im einzelnen

1. Die *Problematik der unbestimmten Rechtsbegriffe* stellt sich im gesamten Umweltrecht[16].

Die abgestufte Regelung des Schutzprinzips in § 22 Abs. 1 Satz 1 Nrn. 1 und 2 (vgl. o. 1 a) verwendet mehrere solcher unbestimmten Rechtsbegriffe: „Schädliche Umwelteinwirkungen", „Stand der Technik", „Mindestmaß". Die vorliegende Untersuchung hat nicht das Ziel, den umfangreichen vorhandenen Definitionen und Erläuterungen[17] weitere hinzuzufügen, soweit es sich um *allgemeine* immissionsschutzrechtliche oder darüber hinausgehend um allgemein umweltrechtliche Fragen handelt. § 22 enthält jedoch einige Probleme, die speziell die nicht genehmigungsbedürftigen Anlagen betreffen; in diesem Zusammenhang soll jeweils auch auf den Inhalt der genannten unbestimmten Rechtsbegriffe eingegangen werden.

2. Zentraler Begriff ist der der *„schädlichen Umwelteinwirkungen"*.

Der Begriff der schädlichen Umwelteinwirkungen ist, verbindlich für das gesamte BImSchG und damit auch für § 22, in § 3 Abs. 1 definiert. Es handelt sich dabei um „Immissionen, die nach Art, Ausmaß oder Dauer geeignet sind, Gefahren, erhebliche Nachteile oder erhebliche Belästigungen für die Allgemeinheit oder die Nachbarschaft herbeizuführen". Da, wie ausgeführt, Vorsorge in § 22 nicht gefordert wird, kann es sich hierbei nur um konkrete Immissionen handeln[18], d. h. es müssen Immissionen meßbar sein, und ihre Schädlichkeit muß als hinreichend wahrscheinlich feststehen[19]. Ferner müssen sie im unmittelbaren Einwirkungsbereich der Anlage auftreten[20]. Es genügt für Maßnahmen nach §§ 22 i. V. m. 24 daher nicht, festzustellen, daß eine Anlage *emittiert*. Voraussetzung sind vielmehr Einwirkungen am Objekt (Menschen, Tiere, Pflanzen o. a. Sachen). Welche Einwirkungen geeignet sind, Gefahren, erhebliche Nachteile oder erhebliche Belästigungen herbeizuführen und (deshalb) schädliche Umwelteinwirkungen darstellen, kann

---

[16] Unbestimmte Rechtsbegriffe sind nach allg. Meinung im Umweltrecht unverzichtbar; BVerfGE 49, 89/136 ff.; *Sendler*, JuS 1983, 255/259; *ders.*, UPR 1982, 1 ff.

[17] Zu schädlichen Umwelteinwirkungen s. v. a. *Jarass*, DVBl. 1983, 725 ff.; zum „Stand der Technik" s. *Feldhaus*, DVBl. 1981, 165 ff. jeweils m. w. N.

[18] *Jarass*, DVBl. 1983, 725/731; ihm folgend BVerwG, DVBl. 1984, 476, 478; *Jarass*, § 3 Rn. 9; a. A. *Kutscheidt*, in: LR, III, BImSchG, § 1 Rn. 7, der entgegen dem Wortlaut des § 22 annimmt, es sei auch vor *nicht* schädlichen Umwelteinwirkungen zu schützen. Dieser Ansicht wird nirgends gefolgt; anders auch jetzt *Kutscheidt*, NVwZ 1983, 65/67 f.

[19] *Jarass*, § 3 Rn. 10.

[20] BVerwG, DVBl. 1984, 476/478.

im Fall der *genehmigungsbedürftigen* Anlagen anhand von Verwaltungsvorschriften näher bestimmt werden[21]. Deren entsprechende Anwendung auf n. g. Anlagen wird allgemein für zulässig gehalten[22]. Es geht dabei freilich um kein „Anwendungsproblem" i. S. der Subsumtion unter Rechtsnormen, weil die Verwaltungsvorschriften ebenso wie andere technische Regelwerke keine Rechtsnormen, sondern allenfalls antizipierte Sachverständigengutachten darstellen[23]. Die Frage muß daher lauten, ob ihr sachlicher Erkenntniswert sich auch auf n. g. Anlagen erstreckt. Hiervon kann unproblematisch dann ausgegangen werden, wenn solche Gutachten sich nicht mit der besonderen Gefährlichkeit der genehmigungsbedürftigen Anlagen befassen, sondern ein (von dieser Gefährlichkeit unabhängiges) Schutzbedürfnis Betroffener berücksichtigen.

Überwiegend beschränkt man daher die Anwendung der Technischen Anleitungen im Bereich der §§ 22 ff. auf die dort festgelegten *Immissions*werte, da diese eben einwirkungsbezogen bestimmt werden[24]. Diese im Regelfall zutreffende Differenzierung ist jedoch in zweifacher Hinsicht einzuschränken:

Einmal können auch Immissionswerte der Vorsorge dienen, wenn sie zwar (definitionsgemäß) unzulässige Einwirkungen bezeichnen, aber deren *Schädlichkeit* nicht konkret nachgewiesen ist. Dies ist etwa der Fall bei dem Immissionswert in Nr. 2.2.1.4. TA Luft, der ausdrücklich „zur Vorsorge" einzuhalten ist. Er kann daher auf n. g. Anlagen nicht übertragen werden.

Zum zweiten sind Fälle denkbar, in denen bereits *Emissions*werte dem *Schutz*, nicht (nur) der Vorsorge dienen. Solche Emissionswerte liegen dann vor, wenn die Schädlichkeit bestimmter Stoffe so hoch ist, daß die mit ihrer Emission gegebene bloße Möglichkeit der Immission schon verhindert werden muß[25]. Solche, unmittelbar dem Schutzprinzip zuzuordnenden Emissionswerte können auch bei Anwendung von §§ 22 ff. zugrunde gelegt werden. Typisches Beispiel sind die Emissionswerte für *karzinogene Stoffe* in Nr. 2.2.1.5. i. V. m. Nr. 2.3.5. TA Luft. Die geforderte hohe Gefährlichkeit potentieller Immissionen ist in der Definition des karzinogenen Stoffes enthalten[26].

---

[21] Die TA Luft ist allerdings teilweise überholt: BVerwG DVBl. 1976, 476/478.

[22] *Feldhaus*, § 22 Anm. 6; *Jarass*, § 48 Rn. 16; *Kutscheidt*, NVwZ 1983, 65/68; BVerwG, GewArch. 1977, 385/387; OVG Münster, NJW 1979, 772/773; *Martens*, DVBl. 1981, 597/600.

[23] BVerwG, DVBl. 1984, 476 ff.

[24] *Feldhaus*, § 22 Anm. 6; *Jarass*, § 48 Rn. 2.

[25] Zum Zusammenhang zwischen Wahrscheinlichkeit und Gefahr *Jarass*, § 3 Rn. 22; *Martens*, DVBl. 1981, 597/599 f.

[26] Nr. 2.3.5. TA Luft.

Die durch n. g. Anlagen verursachten Störungen sind mannigfaltiger Art. Deshalb muß ihre Schädlichkeit in *atypischen Fällen* abweichend von den Verwaltungsvorschriften und Regelwerken bestimmt werden. Insbesondere Richtwerte für Lärm sind häufig auf bestimmte Situationen (z. B. Arbeitslärm) zugeschnitten. Sie müssen in anderen Situationen modifiziert werden[27].

Inwieweit technische Regelwerke und Verwaltungsvorschriften zur Auslegung der §§ 22 ff. hinter anderen Rechtsnormen, insbesondere Baunutzungsrecht und Bauplanungsrecht, zurückstehen müssen, soll als gesondertes Problem erörtert werden[28].

Stehen technische Regelwerke nicht zur Verfügung, so ist die Schädlichkeit von Immissionen nach der *Zumutbarkeit* zu bestimmen[29]. Nach dem klaren Wortlaut von § 3 Abs. 1 ist von der Zumutbarkeit „für die *Allgemeinheit* oder für die *Nachbarschaft*"[30] auszugehen; d. h. eventuelle Kosten für den Betreiber spielen hier noch keine Rolle[31]. Dahinter verbirgt sich nicht nur eine „anthropozentrische Philosophie"[32] des Umweltschutzes. Eine solche Betrachtungsweise ist auch ein Gebot der Rechtssicherheit und der Gleichbehandlung.

Würden nämlich wirtschaftliche Gesichtspunkte schon in diesem Stadium der rechtlichen Würdigung einfließen, so wäre konsequent der wirtschaftlich besonders leistungsfähige Betreiber im Grenzfall für noch so geringfügige Immissionen in Anspruch zu nehmen, weil es gerade ihm noch zugemutet werden kann. Damit würde aber die vom Gesetz geforderte Schädlichkeitsschwelle in unzählige Einzelfallabwägungen aufgelöst. Gerade im Interesse besonders fortschrittlicher Betreiber ist die rein immissionsschützerische Bestimmung einer Toleranzschwelle geboten; auf diese Grenze muß sich der Betreiber verlassen können.

Sowohl in den Begriff der Gefahr als auch in die Abgrenzung der Erheblichkeit in § 3 Abs. 1 sind daher wirtschaftliche Gesichtspunkte nicht miteinzubeziehen.

Ebensowenig können aus der Vielzahl denkbarer n. g. Anlagen einige eine besondere Schutzwürdigkeit beanspruchen[33]. Insbesondere Freizeitanlagen oder Anlagen mit kulturellen Zwecken können nicht ipso iure vom Immissionsschutz dispensiert werden. Die Rechtsprechung hat aller-

---

[27] OVG Berlin, UPR 1982, 276: Lärm durch Jalousien.

[28] s. u. § 7 II 4 a).

[29] BVerwGE 50, 49/55; *Jarass*, § 3 Rn. 29.

[30] Hervorhebung vom Vf.

[31] BVerwG, UPR 1983, 27.

[32] Vgl. *Jarass*, § 3 Rn. 9.

[33] s. schon oben § 2 III 4.

dings mit dem Maßstab der Sozialadäquanz die Möglichkeit geschaffen, bestimmte Bewertungen von Immissionen zu berücksichtigen. Voraussetzung ist allerdings, daß diese Bewertungen sich in einer herkömmlichen Duldung der betreffenden Immissionen niedergeschlagen haben.

Dies wurde etwa beim kirchlichen Glockengeläut angenommen[34]. Wie weit die Rücksicht gegenüber herkömmlichen Immissionen geht, hat das BVerwG im „Kirchenglockenfall" allerdings nicht entschieden, da dort gleichzeitig die Grenzen der TA Lärm eingehalten waren. Es ist daher fraglich, ob Herkömmlichkeit schon Unschädlichkeit bedeuten kann. Im Interesse eines sowohl sanierenden[35] wie auch dynamischen Umweltschutzes kann dies jedenfalls nicht als Regel angenommen werden[36]. Zweifelhaft ist ferner, inwieweit Grundrechtspositionen von Anlagenbetreibern oder -benutzern zu einer Einschränkung des Immissionsschutzes führen können. Mit Rücksicht auf Art. 2 Abs. 2 GG kann eine Grundrechtsausübung, die schädliche Umwelteinwirkungen verursacht, grundsätzlich *nicht* zugestanden werden. Gleiches gilt im soeben angesprochenen Fall für Art. 4 Abs. 2 GG[37]. Im Hinblick auf Kinderlärm und Art. 6 GG ist ebenfalls eine besondere Schutzwürdigkeit vertreten worden[38]. Dem ist die Rechtsprechung aber nicht gefolgt. Vielmehr stellt man hier allein darauf ab, ob solcher Lärm eine typische und herkömmliche Störung (z. B. in Wohngebieten) darstellt. Dementsprechend wird auch zwischen zulässigen Kinderspielplätzen und unzulässigen Bolzplätzen differenziert[39] — ungeachtet kindlicher Bedürfnisse.

Mit dem Kriterium der herkömmlichen Störung ist die Frage der *Vorbelastung* ins Blickfeld gerückt. Bei der Bestimmung der Schädlichkeitsgrenze kann die Vorbelastung zwei verschiedene, nicht immer klar getrennte Funktionen erfüllen:

— Einmal kann aufgrund höherer Vorbelastung der Grad der zumutbaren und daher nicht schädlichen Umwelteinwirkungen höher anzusetzen sein. Die Vorbelastung wirkt insofern zugunsten des Betreibers[40].

— Zum anderen ist allerdings bei der Bestimmung des vorhandenen Ausmaßes von Immissionen auf sämtliche Immissionen abzustellen, nicht nur auf die durch die jeweilige Anlage verursachten Einwir-

---

[34] BVerwGE 68, 62/66.

[35] *Jarass*, § 1 Rn. 8.

[36] *Jarass*, vor § 22 Rn. 9, wonach eine Verschärfung der Anforderungen bei Änderungen der Sach- und Rechtslage möglich ist.

[37] BVerwGE 68, 62/66.

[38] *Jarass*, § 3 Rn. 36.

[39] OVG Münster, NVwZ 1984, 530 f. m. w. N.

[40] *Feldhaus*, § 3 Anm. 10; *Jarass*, § 3 Rn. 9.

kungen[41]. In diesem Sinn wirkt die Vorbelastung zu Lasten des Betreibers.

Beide Sichtweisen können unproblematisch nebeneinander zur Geltung kommen: Ob Gefahren vorliegen, ist stets objektiv nach der wissenschaftlich nachgeprüften Empfindlichkeit der Immissionsobjekte zu bestimmen; diese Grenze ist einer Relativierung nach Gebieten nicht zugänglich[42]. Im Rahmen der „Erheblichkeit" von Nachteilen und Belästigungen ist zunächst zu ermitteln, was in dem betreffenden Gebiet herkömmlicherweise hinzunehmen ist (Vorbelastung zugunsten des Betreibers). Danach ist zu untersuchen, ob die von dem Betrieb der Anlage herrührenden Immissionen die so bestimmte Grenze der Erheblichkeit überschreiten. Dabei sind aber sämtliche vorhandenen Immissionen zu den von der Anlage ausgehenden zu addieren (Vorbelastung zu Lasten des Betreibers).

Von der Frage der Vorbelastung zu trennen ist schließlich das Problem, *ob* bestimmte Immissionen von einer Anlage verursacht werden (*Kausalität*). Gerade im Nachbarschaftsbereich, in dem n. g. Anlagen häufiger anzutreffen sind, treten oft Überlagerungseffekte auf[43]. So werden die SO_2-Emissionen aus Hausbrand wegen ihrer Geringfügigkeit im Einzelfall meist nicht zu schädlichen Umwelteinwirkungen führen, weil eben auch ohne sie die Immissionssituation schädlich bliebe (z. B. Smog)[44].

Weder die Kausalität noch die Erheblichkeit von Störungen können aber deshalb verneint werden, weil der *Betroffene selbst* die Immissionen überlagern oder verhindern könnte. *Wenn* ihn Immissionen erreichen, ist ihre Stärke zu messen und unabhängig von den ihm möglichen Abwehrmaßnahmen als schädlich oder nicht schädlich einzuordnen. Die anschließend notwendigen Verhinderungsmaßnahmen hat allein der *Verursacher* zu tragen; dies ist den §§ 5 Nrn. 1 und 2, 22 Abs. 1 Satz 1 Nrn. 1 und 2 mit großer Klarheit zu entnehmen. Man verkehrt die Ziele des BImSchG ins Gegenteil, wenn dem von Geräuschen Belästigten angesonnen wird, sich vor diesen Geräuschen zu schützen, indem er ein eigenes Radiogerät o. ä. laufen läßt[45]. Dies bedeutet eine grobe Verkennung sowohl des Verursacherprinzips als auch der wissenschaftlichen Erkenntnisse über dauerhafte Geräuscheinwirkungen[46]. § 22

---

[41] *Feldhaus*, § 3 Anm. 5; *Jarass*, § 3 Rn. 40 f.

[42] *Feldhaus*, § 3 Anm. 10.

[43] *Jarass*, § 3 Rn. 41.

[44] Vgl. Beispiel bei *Feldhaus / Schmitt*, WiVerw. 1984, 1 ff.

[45] So aber *Schmid*, BayVBl. 1983, 44/46.

[46] Vgl. *Wiethaup*, Lärmbekämpfung, 67 ff., insbesondere Belästigung schon im unteren Phonbereich.

verbietet die Verursachung schädlicher Umwelteinwirkungen *durch den Betreiber.*

3. *Der Stand der Technik* begrenzt die Betreiberpflicht aus Nr. 1.

Der Betreiber wird nur verpflichtet, diejenigen Immissionen zu vermeiden, die nach dem Stand der Technik vermeidbar sind. Es steht ihm aber frei, diese Grenze auch auf andere Weise einzuhalten. Ebenso wie bei dem Begriff der schädlichen Umwelteinwirkungen handelt es sich bei dem Terminus „Stand der Technik" zunächst und vor allem um ein allgemein immissionsschutzrechtliches Problem, das aber gleichwohl in § 22 besondere Konturen annimmt.

a) Der Stand der Technik befindet sich in Nr. 1 im *Kontext des Schutzprinzips;* es geht also um denjenigen Stand der Technik, der bei der *Abwehr konkreter Immissionen* erreicht ist, nicht aber um den Stand der Vorsorge-Technik wie in § 5 Nr. 2[47].

b) Der Charakter der Maßnahmen, die den Stand der Technik bestimmen, ist allerdings stets unabhängig von Schutz oder Vorsorge. Nach der Legaldefinition in § 3 Abs. 6 geht es immer um *Emissionsbegrenzung,* d. h. um Maßnahmen *an der Anlage* als der Quelle der Emissionen[48].

c) Die *Ermittlung des Standes der Technik* kann im weiten und mannigfaltigen Bereich der n. g. Anlagen Schwierigkeiten bereiten. *Eine* Konkretisierungsmöglichkeit[49] enthält § 23 (Verordnungsermächtigung); hiervon hat der Verordnunggeber aber nur in sehr spezieller Weise Gebrauch gemacht[50]. Unanwendbar sind i. d. R. die *Emissions*richtwerte der TAen, da diese meist dem Vorsorgeprinzip dienen[51]. Wegen der Weite des Anlagenbegriffs[52] ist zur Durchsetzung eines effektiven Immissionsschutzes ein entsprechend weiter Begriff der Technik erforderlich. Da die weite Definition des § 3 Abs. 6 ganz allgemein auf „Verfahren, Einrichtungen und Betriebsweisen" abstellt, sind nach Nr. 1 jeweils diejenigen Vorkehrungen zu treffen, die dem Technisierungsgrad der betreffenden Anlage entsprechen. Wird die Anlage nicht im engen Sinn „technisch" betrieben, so werden i. d. R. auch nur nichttechnische Maßnahmen in Betracht kommen. Dies folgt auch aus dem Erfordernis der praktischen Eignung[53].

---

[47] s. dazu oben I 3.

[48] *Feldhaus,* § 22 Anm. 7; *Jarass,* § 3 Rn. 63; *Kutscheidt,* in: LR, BImSchG, § 3 Rn. 29.

[49] Jedoch keine abschließende Bestimmung des Standes der Technik.

[50] Nämlich für Feuerungsanlagen, Chemischreinigungen, Holzstaub, Rasenmäher; vgl. unten § 4.

[51] s. o. 2.

[52] s. o. § 2.

Der Stand der Technik umfaßt daher insbesondere auch betriebsorganisatorische Maßnahmen. Dies sind z. B. zeitliche Einschränkungen des Betriebs[54]. Sie fallen unter § 3 Abs. 6, denn sie stellen quantitative Emissionsbegrenzung dar, insoweit die Emissionen zu bestimmten Zeiten vermieden und dadurch die Gesamtemissionen verringert werden. Neben der quantitativen Verminderung der Immissionen ist auch die günstigere Verteilung der Einwirkungen[55] ein hiermit anzustrebendes Ziel. Insbesondere Lärm kann gerade durch seine Dauerhaftigkeit oder durch Überschreiten von Grenzwerten zu bestimmten Zeiten (Nachtruhe)[56] schädlich wirken. Lärmpausen können also die Schädlichkeit verringern oder im Grenzfall ganz beseitigen. Entsprechendes gilt für die räumliche Verteilung von Luftverunreinigungen durch Schornsteine[57]. Teilweise wird ohne nähere Begründung versucht, die letztgenannten Maßnahmen nur auf Nr. 2 zu beschränken[58]; damit wird aber der Begriff des Standes der Technik unzulässig verkürzt. Daraus ergeben sich nicht nur semantische Konsequenzen. Vielmehr würde die Verlagerung der betriebsorganisatorischen Maßnahmen nach Nr. 2 unmittelbar zu einer Verkürzung des Immissionsschutzes führen. Gerade bei den zahllosen denkbaren Kleinanlagen der §§ 22 ff. sind aufwendige technische Vorkehrungen im engeren Sinne häufig nicht möglich oder wären mit unverhältnismäßigem Aufwand verbunden. Soll aber auch für diese Kleinanlagen ein immissionsschutzrechtlicher *Standard* gefunden und durchgesetzt werden, so kann auf die in solchen Fällen typische Maßnahme der zeitlichen Beschränkungen nicht verzichtet werden[59]. Die Standardisierung gewährleistet aber nur § 22 Abs. 1 *Nr. 1. Nr. 2* gebietet nicht einen Standard an immissionsschützerischen Maßnahmen, sondern das auch dem Betreiber individuell zumutbare Maß[60]. Hierauf wird im einzelnen noch einzugehen sein.

d) Grenze des Standes der Technik i. S. von § 3 Abs. 6 ist die *praktische Eignung* (im Gegensatz zur wissenschaftlich-theoretischen Eignung). Sie kann bei n. g. Anlagen stark variieren. Im Sinn einer immissionstechnischen Standardisierung ist maßgeblich, ob bestimmte Maßnahmen für Anlagen der jeweiligen *Art* geeignet sind.

---

[53] s. u. d).

[54] *Jarass*, § 3 Rn. 65.

[55] Ebd.

[56] Vgl. *Wiethaup*, Lärmbekämpfung, S. 70.

[57] *Jarass*, § 3 Rn. 65.

[58] *Feldhaus*, § 22 Anm. 8; *Kutscheidt*, NVwZ 1983, 65/68; unklar BVerwGE 68, 62 ff.; (wohl Nr. 1).

[59] Vgl. § 3 — 8. BImSchV — (Rasenmäherlärm).

[60] s. u. 4.

aa) Es ist zunächst darauf zu achten, daß *Maßnahme und Immission* aufeinander *abgestimmt* werden; der Betreiber kann sich also nicht darauf berufen, aufwendige Entstaubungsanlagen installiert zu haben, wenn die Nachbarschaft durch Gerüche belästigt wird.

bb) Ferner ist der *Technisierungsgrad der Anlage* zu berücksichtigen. Ungeeignet sind solche Vorrichtungen, die der Betreiber nicht selbst handhaben und warten kann, bei denen deshalb mit häufigem Ausfall zu rechnen ist[61].

cc) Schließlich setzt die praktische Eignung *ein vernünftiges Verhältnis zwischen wirtschaftlichem Aufwand und Emissionsbegrenzung* voraus[62]. Anders ausgedrückt: Eine Maßnahme entspricht nicht dem Stand der Technik, wenn die Emissionsbegrenzung zum wirtschaftlichen Aufwand in einem groben Mißverhältnis steht.

Mit der „wirtschaftlichen Vernünftigkeit" kann aber *nicht* die „wirtschaftliche Vertretbarkeit" i. S. von § 17 Abs. 2 gemeint sein. *Diese* Grenze hat der Gesetzgeber nur bei *genehmigten* (!) Anlagen gezogen und sie dort (§ 17 Abs. 2 Nr. 2) vom „Stand der Technik" sogar ausdrücklich unterschieden[63]. Da also nur das Verhältnis Emissionsminderung — Aufwand zu prüfen ist, kann im Einzelfall zum Zwecke erheblicher Emissionsminderung auch ein (aus Sicht des Betreibers) wirtschaftlich nicht vertretbarer Aufwand gefordert werden. Dies ist schon deshalb erforderlich, weil die Einhaltung des Standes der Technik i. d. R. keinen innerbetrieblichen Vorteil bringt und strenggenommen *immer* (betriebs-)wirtschaftlich unvernünftig ist.

Hieraus folgt wiederum, daß schon nach Nr. 1 im Einzelfall ein wirtschaftlicher *Zwang zur Betriebseinstellung* gegeben sein kann. Die gesetzestechnische Formulierung von Anforderungen an den *Betrieb* einer Anlage schließt dies begrifflich nicht aus, wie vereinzelt behauptet wird[64]. Wenn sie diese Folge wirklich ausschließen würde, dann gäbe es eben begrifflich keine wirtschaftlich unvertretbaren Anforderungen. Daß sie aber gerade nach Nr. 1 denkbar sind, zeigt schon die begriffliche Trennung von „Stand der Technik" und „wirtschaftlicher Vertretbarkeit" in § 17 Abs. 2. Auch wertungsmäßig kann Nr. 1 nichts anderes bedeuten; das Gesetz hat sich für die Durchsetzung des Standes der Technik entschieden, ohne von wirtschaftlicher Vertretbarkeit zu sprechen.

---

61 Z. B. Luftwäscher für kleine Schweinemästereien; geeignet hingegen Erdfilter.

62 Begr.: BT-Dr. 7/179, 38; *Feldhaus*, DVBl. 1981, 165/169 f.; *Jarass*, § 3 Rn. 68 f.; *Kutscheidt*, in: LR, § 3 Rn. 62; *Schmatz / Nöthlichs*, § 2 Anm. 5.

63 Vgl. *Jarass*, § 3 Rn. 68 f.

64 *Kutscheidt*, NVwZ 1983, 65/71.

e) Die *Nichtberücksichtigung der wirtschaftlichen Vertretbarkeit* ist *zulässig.*

Es wurde bei der Untersuchung der Pflichtennormen (§§ 22, 23) deutlich, daß die §§ 22 ff. nur in sehr begrenztem Umfang[65] auf die wirtschaftlichen Interessen des Betreibers Rücksicht nehmen. Durch die Begrenzung auf den Stand der Technik wird der Betreiber zwar vor wirtschaftlich unvernünftigen, weil praktisch ungeeigneten Maßnahmen geschützt. Es kann aber nicht übersehen werden, daß die Anordnungsbefugnis nach § 24 Satz 1 nicht auf „wirtschaftlich *vertretbare*" Maßnahmen beschränkt ist — anders als bei genehmigungsbedürftigen Anlagen (§ 17 Abs. 2).

Dennoch wird gesagt, daß Art. 14 und das verfassungsrechtliche Übermaßverbot wirtschaftlich nicht vertretbare Maßnahmen ausschlössen[66].

Es scheint also, daß die gesetzlichen Differenzierungen in § 17 Abs. 2 einerseits, § 24 Satz 1 andererseits[67], durch übergreifende verfassungsrechtliche Grundprinzipien ausgeschaltet werden. Das gleiche Schicksal stünde der Änderung des § 17 bevor, nach der Abs. 2 völlig umformuliert werden und die Grenze der wirtschaftlichen Vertretbarkeit beseitigt werden soll[68].

Verhältnismäßigkeit kann jedoch nicht Verschonung vor jeder erheblichen Belastung bedeuten. In dieser Form würde sie die „Sachzugewandtheit"[69] des Spezialgesetzes stets unterlaufen. Es ist also präzise zu ermitteln, welche Gefahren in der vom Gesetz geregelten Situation nach der gegebenen Sach- und Rechtslage noch drohen und welche Mittel der Gesetzgeber hiergegen bei sachverständiger Würdigung einsetzen durfte.

Vorausschickend kann festgestellt werden, daß die Nichtberücksichtigung der wirtschaftlichen Vertretbarkeit *kein* Problem der Geeignetheit oder der Erforderlichkeit sein kann, insofern sie den Zielen des Immissionsschutzes eben stets entgegengerichtet ist. Es bleibt also nur das Übermaßverbot zu untersuchen[70].

---

[65] Nämlich in § 22 Abs. 1 Satz 1 Nr. 2 („Mindestmaß").

[66] *Gehrmann*, GewArch. 1977, 353/358; *Jarass*, vor § 22 Rn. 10. Eine *enteignende* Wirkung der §§ 22, 23 scheidet allerdings schon deshalb aus, weil hier *abstrakt-generelle Festlegungen* von Eigentümerpflichten vorliegen, die begrifflich stets Inhalts- und Schrankenbestimmungen i. S. von Art. 14 Abs. 1 Satz 2 GG darstellen (BVerfGE 52, 1/27; 58, 300/330).

[67] Vgl. hierzu eingehend *v. Holleben*, DVBl. 1981, 902/904 u. 906.

[68] BT-Dr. 10/1862.

[69] Vgl. *Wahl*, NVwZ 1984, 401/407.

[70] Hier bleibt freilich dem Gesetzgeber ein weiter Spielraum — generell (BVerfGE 8, 71/80) und besonders gegenüber einer Eigentumsnutzung im „sozialen Bezug", wie sie die massenhafte Verbreitung der n. g. Anlagen

Hierbei zeigt aber gerade der Vergleich mit der immissionsrechtlichen Situation des § 17, daß wegen überwiegender öffentlicher Interessen eine andere Regelung als bei den genehmigungsbedürftigen Anlagen geboten ist.

§ 17 befaßt sich mit *Anordnungen nach Erteilung der Genehmigung.* Bei diesen Anlagen war im Zeitpunkt der Genehmigung sichergestellt, daß schädliche Umwelteinwirkungen nicht hervorgerufen werden können (§§ 6 Nr. 1 i. V. m. 5 Nr. 1, 1. Alternative). Diese Feststellung erfolgte zudem aufgrund eines Genehmigungsverfahrens, das eine erhöhte Gewähr für die Richtigkeit seines Ergebnisses bot. Schließlich war für die Zukunft Vorsorge zu treffen (§ 5 Nr. 2).

In dieser Situation entspricht es sowohl den (weitgehend sichergestellten) Interessen des Immissionsschutzes als auch dem Vertrauen des Betreibers, bei der Dynamisierung des Immissionsschutzes in Form nachträglicher Anordnungen die Grundpflichten nicht uneingeschränkt durchzusetzen. Diese gesetzgeberische Zurückhaltung ist also aus der besonderen Sach- und Rechtslage der *genehmigten*[71] Anlagen zu erklären. Sie ist aber nicht einmal hier zwingend. Weil und soweit deutlich geworden ist, daß die Beschränkung des § 17 Abs. 2 eine weitreichende Vollzugshemmung bewirkt hat[72], kann den Belangen des Immissionsschutzes nur insofern Rechnung getragen werden, als die Begrenzung auf wirtschaftlich vertretbare Anordnungen aufgegeben wird[73].

Ist demnach die Berücksichtigung der wirtschaftlichen Vertretbarkeit schon bei genehmigten Anlagen nicht zwingend geboten, sondern allenfalls sachlich nachvollziehbar, so kann sie erst recht nicht die Überwachung der nicht genehmigungsbedürftigen Anlagen zwingend beschränken, bei denen es schon an einer sachlichen Rechtfertigung für solche Rücksicht fehlt.

Abschließend ist noch klarzustellen, daß der Gesetzgeber bei Erlaß des BImSchG in keiner Weise durch die Regelungen des BGB, insbesondere § 906 Abs. 2, präjudiziert war. Wenn dort nur wirtschaftlich zumutbare Maßnahmen gefordert werden (§ 906 Abs. 2 Satz 1), dann stellt dies für

darstellt (vgl. BVerfGE 37, 132/140; 42, 263/294; 50, 290/340; 52, 1/32 sowie *Leisner*, Sozialbindung, 189). Ohne einen solchen Spielraum des Gesetzgebers wäre aus Art. 14 stets ein nachbarrechtliches „Alles oder nichts" herzuleiten (*Schwerdtfeger*, NVwZ 1983, 199/200). Es ist daher daran festzuhalten, daß Art. 14 GG für den nachbarrechtlichen Interessenausgleich auch im Immissionsschutz *unmittelbar* nur wenig Aussagekraft besitzen kann (*Sendler*, UPR 1982, 33, 73/76).

[71] Nicht bei den „genehmigungsbedürftigen", aber nur anzeigepflichtigen Anlagen des § 67 Abs. 2: § 17 Abs. 4 e contrario.

[72] So jetzt Entwurf des Bundesrates zur Änderung des BImSchG, BT-Dr. 10/1862, Begründung 4.

[73] Wie es mit der Änderung (Fn. 72) geschehen soll.

das öffentliche Immissionsschutzrecht weder eigentumsrechtlich noch in sonstiger Weise ein Hindernis dar. Hinsichtlich des Eigentumsbegriffs, wie ihn die Gesetze nach Art. 14 Abs. 1 Satz 2 GG bestimmen, wirken zivilrechtliche und öffentlich-rechtliche Normen *gleichrangig* zusammen[74]. Geht das BImSchG über § 906 hinaus, so kann damit wegen dieser Gleichrangigkeit keine Enteignung bewirkt werden.

Mit den Regelungen der §§ 22 ff. tritt auch im übrigen kein „unerträglicher Gegensatz"[75] zum Zivilrecht ein. Zum einen tritt das BImSchG in *gewollten* Gegensatz zum herkömmlichen Nachbarrecht, weil seine Einführung gerade auf der Erkenntnis beruht, daß die Mittel des Nachbarrechts nicht mehr ausreichen[76]. Zum anderen läßt sich fragen, ob der vermeintliche Gegensatz wirklich von Bedeutung ist, denn nach § 906 Abs. 2 sind nur bei *örtsüblichen* Immissionen die Verhinderungsmaßnahmen auf wirtschaftlich zumutbare beschränkt. *Ortsunübliche* Immissionen sind hingegen stets unzulässig, auch wenn ihre Verhinderung wirtschaftlich unzumutbar wäre.

4. *Nr. 2* fordert die *Beschränkung schädlicher Umwelteinwirkungen auf ein „Mindestmaß"*.

Reichen anlagenbezogene, wirtschaftlich vernünftige Maßnahmen nach Nr. 1 nicht aus, um alle schädlichen Umwelteinwirkungen zu verhindern, so sind die *verbleibenden* schädlichen Umwelteinwirkungen auf ein Mindestmaß zu beschränken. Es ist zu klären, inwiefern, ja ob überhaupt mit dieser Formulierung die Grundpflichten der Anlagenbetreiber gegenüber Nr. 1 erweitert werden.

a) Zum ersten ist *Nr. 2*, anders als Nr. 1, *nicht auf anlagenbezogene Maßnahmen beschränkt*. Dies folgt aus der fehlenden Verweisung auf den Stand der Technik[77]. Der Katalog möglicher Maßnahmen umfaßt damit vor allem auch rein immissionsbegrenzende, nicht anlagenbezogene Vorkehrungen, wie z. B. passive Schallschutzmaßnahmen. Welcher (wirtschaftliche) Aufwand hier getrieben werden muß, ist unter b) zu klären.

Für die n. g. Anlagen ist es allerdings weniger bedeutsam, daß nach Nr. 2 auch „nicht technische" Vorkehrungen verlangt werden können. Wie bereits dargelegt, sind nach Nr. 1 ohnehin alle (anlagenbezogenen) Maßnahmen erfaßt, die einem wirtschaftlich-praktisch vernünftigen Standard entsprechen; der Begriff der „Technik" ist dabei in Überein-

---

74 Vgl. BVerfGE 58, 300/330 f.

75 So aber *Gehrmann*, GewArch. 1977, 353/358.

76 Vgl. BT-Dr. VI/1298, 4 zu Art. 74 Nr. 24 GG.

77 Unrichtig VGH Mannheim, DVBl. 1984, 581, wo pauschal vom „Bezug des § 22 auf den Stand der Technik" gesprochen wird.

stimmung mit der weiten Definition des § 3 Abs. 6 so umfassend zu verstehen, daß Nr. 2 insofern keine wesentliche Erweiterung bedeuten kann.

Insbesondere sind nach Nr. 1 bereits folgende Maßnahmen möglich:

— Betriebszeiteinschränkungen[78],

— die Wahl anderer Verfahren[79],

— die Verwendung anderer Energieträger[80].

Zur Klarstellung sei betont, daß solche Maßnahmen *auch* nach Nr. 2 gefordert werden können, da diese Vorschrift eben keinerlei Begrenzung hinsichtlich der Art der Immissionsschutzmaßnahmen enthält.

Neu kommen nach Nr. 2 alle nicht anlagebezogenen Maßnahmen hinzu:

— Schallschutzwände oder -fenster[81],

— Bepflanzung von Zwischenräumen[82],

— örtliche Verlagerung der Anlage[83].

Schließlich kommt auch die Forderung nach *völliger Betriebseinstellung* in Betracht, wenn Maßnahmen der vorgenannten Art nicht das geforderte Mindestmaß gewährleisten können[84]. Wegen seiner möglicherweise einschneidenden Folgen für den Anlagenbetreiber ist der Begriff des Mindestmaßes daher im folgenden gesondert zu untersuchen.

b) Zur *Grenze des „Mindestmaßes"* lassen sich der Literatur verschiedene Lösungen entnehmen bzw. aus ihr ableiten; dabei werden die Probleme ganz unterschiedlich gewichtet. Ungeachtet dieser Deutungsversuche wird man vorab feststellen können, daß das „Mindestmaß" die äußerste Grenze der *Immissionen* durch n. g. Anlagen bezeichnet. § 23 zielt demgegenüber auf *Emissions*begrenzung. Ob andere Rechtsnormen strengere Maßstäbe anlegen können, wird noch in §§ 7 und 8 dieser Untersuchung erörtert werden.

---

[78] *Jarass*, § 3 Rn. 65; a. A.: *Feldhaus*, § 22 Anm. 8; *Kutscheidt*, NVwZ 1983, 65/68; *Schmatz / Nöthlichs*, § 22 Anm. 6; die a. A. jeweils ohne Begründung.

[79] *Jarass*, § 3 Rn. 65; a. A. *Feldhaus*, § 22 Anm. 8.

[80] *Jarass*, § 3 Rn. 65; *Feldhaus*, § 22 Anm. 8.

[81] Auch passive Maßnahmen bei Einverständnis des Betroffenen.

[82] *Feldhaus*, § 22 Anm. 8.

[83] *Schmatz / Nöthlichs*, § 22 Anm. 6; diese Maßnahme könnte auch als anlagenbezogen verstanden werden. Sie ist jedoch nicht emissionsbegrenzend i. S. v. § 3 Abs. 6 und fällt jedenfalls deshalb nicht unter § 22 Abs. 1 Satz 1 Nr. 1.

[84] *Jarass*, § 22 Rn. 7.

Einigkeit besteht darüber, daß diese äußerste Grenze jedenfalls immer dann überschritten ist, wenn Gefahren für Leben, Gesundheit oder bedeutende Sachwerte im Sinne von § 25 Abs. 2 verursacht werden[85]. Nach § 25 Abs. 2 *soll* die Behörde in diesem Fall die Einrichtung oder den Betrieb der Anlage *untersagen;* damit setzt die Untersagungsvorschrift aber die Grundpflicht voraus, *solche* Umwelteinwirkungen zu verhindern[86]. Wäre es anders, dann bliebe das BImSchG insofern hinter den Möglichkeiten der Gefahrenabwehr zurück.

Bei der weiteren Bestimmung des Mindestmaßes zeigt sich jedoch, zu welcher Unklarheit die Verwendung unbestimmter Rechtsbegriffe führen kann, wenn diese Begriffe in der Begründung des Regierungsentwurfes mit ebenso unbestimmten Auslegungsgesichtspunkten „aufgeladen" werden. Die Begründung lautet: „Durch die Verwendung unbestimmter Rechtsbegriffe soll im Rahmen des *Zumutbaren* eine möglichst weitgehende Verpflichtung zu Schutzmaßnahmen begründet werden[87]." Mit dem Begriff des Zumutbaren schien den Verfassern aber Nr. 2 offenbar noch nicht ausreichend flexibilisiert, denn die Begründung fährt fort: „Zugleich wird ein ausreichend weiter Spielraum für die Berücksichtigung der *Umstände des Einzelfalls* eröffnet, wobei dem *nachbarlichen Interessenausgleich* eine besondere Bedeutung zukommt[88]." Diese Formulierungen sind zu Recht auf Kritik gestoßen[89]. Sie erschweren die Abgrenzung zwischen schädlichen Umwelteinwirkungen, den nach Nr. 1 hinzunehmenden Umwelteinwirkungen und dem auch nach Nr. 2 noch hinzunehmenden Ausmaß an Umweltbelastung. Zunächst ist festzuhalten, daß mit dem „Mindestmaß" nicht stets das Maß „Null" gefordert ist[90]. Die *völlige* Vermeidung von Immissionen hätte einfacher durch ein schlichtes Immissionsverbot wie in § 5 Nr. 1 formuliert werden können. Auch wäre es widersinnig, dem Betreiber in § 22 Abs. 1 Nr. 1 ausdrücklich nur den Stand der Technik abzuverlangen, in Nr. 2 dann aber doch die völlige Verhinderung von schädlichen Umwelteinwirkungen zu fordern. Das „Mindestmaß" kann daher im Einzelfall weniger als *völlige* Vermeidung bedeuten, wenn

---

[85] *Feldhaus,* § 22 Anm. 8; *Jarass,* § 22 Rn. 7; *Kutscheidt,* NVwZ 1983, 65/67; bei *Jarass* wird dies darüber hinaus auch für nicht bedeutde Sachwerte angenommen.

[86] *Kutscheidt,* NVwZ 1983, 67; ob aber in § 25 Abs. 2 eine *vierte Grundpflicht* mit dem beschriebenen Inhalt enthalten ist, wie *Kutscheidt* vertritt, muß doch bezweifelt werden. Dadurch würden nur zusätzliche Abgrenzungsprobleme zum „Mindestmaß" künstlich geschaffen.

[87] Hervorhebung vom Vf.

[88] Hervorhebung vom Vf.

[89] *Kutscheidt,* NVwZ 1983, 65/68.

[90] So aber offenbar Bek. d. BayStMLUM, LMBl. 1977, 59, zul. geänd. durch Bek. v. 28. 1. 1982, LUMBl., 29.

und insoweit der nachbarliche Interessenausgleich noch Restimmissionen zuläßt.

Es erscheint aber fraglich, ob nicht mit dem „Mindestmaß" nur die Grenze zwischen schädlichen und nicht schädlichen Umwelteinwirkungen i. S. von § 3 Abs. 1 nachgezogen worden ist. Nr. 2 geht offenbar davon aus, daß die Gesamtheit der denkbaren *schädlichen* Umwelteinwirkungen über das „Mindestmaß" hinausgeht.

Dem wird entgegengehalten, Zumutbarkeit und nachbarlicher Interessenausgleich verwischten die Grenzen zwischen Schädlichkeit und Mindestmaß[91]. Denn die in § 3 Abs. 1 genannten *Gefahren* dürften ohnehin nicht verursacht werden: § 25 Abs. 2[92]. Mit dem Begriff der Erheblichkeit stelle § 3 Abs. 1 bei den verbleibenden Nachteilen und Belästigungen ebenfalls nur auf die Zumutbarkeit ab, wie es nach der Begründung auch beim Mindestmaß geschehen soll. Immissionen, die auf das zumutbare Mindestmaß reduziert wurden, verdienten dementsprechend nicht mehr das Etikett „schädliche Umwelteinwirkungen"[93]. Die Begrenzung auf das Mindestmaß wäre demnach identisch mit der Einhaltung der Schädlichkeitsgrenze; Konsequenz dieser Auffassung wäre, daß § 22 Abs. 1 Satz 1 doch die völlige Verhinderung von „schädlichen Umwelteinwirkungen" geböte; nach Nr. 1 durch technische, nach Nr. 2 durch alle übrigen Maßnahmen. Hätte der Gesetzgeber alle immissionsschützerischen Differenzierungen in den so verstandenen flexiblen Begriff der schädlichen Umwelteinwirkungen verlagern wollen, dann hätte er dieses Ziel wiederum durch die gesetzestechnisch einfachere Übernahme von § 5 Abs. 1, 1. Alt. (Verbot *aller* schädlichen Umwelteinwirkungen) erreichen können. Die besondere Hervorhebung des Standes der Technik in § 22 Abs. 1 Satz 1 Nr. 1 wäre überflüssig gewesen, wenn Nr. 2 Immissionsschutz im gleichen Umfang, aber mit allen (auch „untechnischen") Mitteln verlangte.

Die dargestellte Auffassung läßt also ebenfalls der Nr. 2 keinen sinnvollen Anwendungsbereich und muß schon deshalb bedenklich stimmen. Sie geht aber auch erkennbar von unrichtigen Prämissen aus. Offenbar soll der Begriff der schädlichen Umwelteinwirkungen nach dieser Meinung bereits einen *umfassenden* nachbarlichen Interessenausgleich beinhalten, der insbesondere die Interessen des Anlagenbetreibers berücksichtigt. Dies ist jedoch gerade nicht der Fall. Wie oben aufgezeigt[94], spielen beim Problem der Schädlichkeit wirtschaftliche

---

[91] *Kutscheidt*, NVwZ 1983, 65/68.

[92] Auf das dabei übergangene Problem der Gefahr für nicht bedeutende Sachwerte soll hier nicht weiter eingegangen werden; vgl. *Jarass*, § 22 Anm. 7.

[93] *Kutscheidt*, NVwZ 1983, 65/68.

[94] s. o. 2. Abschnitt, § 3 II 2.

(oder andere) Erwägungen des Anlagenbetreibers noch keine Rolle. Schädlich ist alles, was nach medizinischen Erkenntnissen oder sonstigen sachverständigen Quellen *dem Betroffenen* nicht *zuzumuten* ist. Geht es hier um die Zumutbarkeit für den Betroffenen oder für die Allgemeinheit, so wird beim „Mindestmaß" die Zumutbarkeit im Sinne der zitierten Begründung aus der Sicht des Betreibers bestimmt[95]. Der von der dargestellten Auffassung angenommene „Zumutbarkeitszusammenhang" zwischen §§ 3 Abs. 1, 22 Abs. 1 Satz 1 Nr. 1 und 2 ist daher nur verbaler Natur — was bei der hier vorherrschenden begrifflichen Unklarheit aber leicht zu Mißverständnissen führt. Um Nr. 2 systematisch sinnvoll in die Auslegung von § 22 einzuordnen, ist daher in Übereinstimmung mit den Gesetzesmaterialien folgende Deutung vorzuziehen: Zunächst ist im Rahmen der schädlichen Umwelteinwirkungen zu prüfen, ob die Erheblichkeitsschwelle aus rein immissionsschützerischer Sicht überschritten ist. Das noch hinzunehmende *Mindestmaß* dieser schädlichen Umwelteinwirkungen ist dann aus einer Abwägung zwischen der Schwere der Immissionen und den Interessen des Betreibers zu gewinnen. Dem Betreiber dürfen dabei keine wirtschaftlich unzumutbaren Anstrengungen abverlangt werden[96]; Nr. 1 (Stand der Technik) bleibt unberührt.

---

[95] *Jarass*, § 22 Rn. 7.

[96] In diesem Zusammenhang ist § 7 d EStG zu beachten; danach können umweltschützende Einrichtungen begünstigt abgeschrieben werden, und zwar bis zu 60 % im ersten Jahr. Die Steuerersparnis für diesen Zeitraum ist auf die Belastungen anzurechnen.

§ 4. Die Verordnungsermächtigung in § 23 — Konkretisierung und Erweiterung der Grundpflichten

I. Problemstellung: Verhältnis zu § 22, insbesondere Geltung des Vorsorgeprinzips

Die vorangegangene Auseinandersetzung mit den in hohem Maße unbestimmten Rechtsbegriffen des § 22 Abs. 1 hat das Bedürfnis nach Konkretisierung deutlich gemacht. § 23 eröffnet nun die Möglichkeit, im Verordnungswege eine nähere Bestimmung der Rechtslage zu bewirken. Die zu erlassenden Verordnungen können ihrer Konkretisierungsfunktion begrifflich in zweifacher Richtung genügen: Sie können sich zum einen darauf beschränken, den Inhalt der nach § 22 bestehenden Grundpflichten näher zu umschreiben. Weiterhin kann eine Verdeutlichung der Rechtslage auch dadurch geschehen, daß eine Erweiterung oder Einschränkung der Grundpflichten auf konkreterem Niveau erfolgt.

Maßgeblich für die Zulässigkeit einer engeren oder weiteren Handhabung der Verordnungsermächtigung ist zunächst die unmittelbare Grundlage des Verordnungserlasses, d. h. § 23. Die Anbindung an die Grundpflichten des § 22 hängt demgemäß davon ab, ob § 23 sich auf das Schutzprinzip von § 22 beschränkt oder auch das sogenannte „Vorsorgeprinzip" verwirklicht.

II. Konkretisierung und Erweiterung der Grundpflichten

1. § 23 beschränkt den Verordnungsgeber grundsätzlich nicht auf die Grundpflichten des § 22. Zwar gilt § 23 nur für Anlagen, „soweit sie den Vorschriften des § 22 unterliegen". Damit ist aber nur der Anwendungsbereich, hier: der Kreis der erfaßten Anlagen, bestimmt. Die kompetentielle Beschränkung des BImSchG wird nochmals klargestellt: Nach ganz überwiegender Meinung können demnach Verordnungen zum Schutz vor Luftverunreinigungen und Lärm unbeschränkt, solche zum Schutz vor sonstigen Immissionen nur für wirtschaftlich betriebene Anlagen erlassen werden[1]. Nach hier vertretener Auffassung kommen *nur* Verordnungen zur Luftreinhaltung und Lärmbekämpfung in Be-

[1] Vgl. o. § 1 I 1.

tracht[2]. In der Praxis hat sich der Verordnungserlaß bisher auf die letztgenannten Bereiche beschränkt[3].

Über die kompetenzrechtliche Gleichstellung von §§ 22 und 23 hinaus hat der „Soweit-"Vorbehalt keine inhaltliche Bedeutung. Vielmehr ist § 23 weitgehend von § 22 gelöst, wie ein Vergleich zur entsprechenden Regelung bei genehmigungsbedürftigen Anlagen erweist. Dort bestimmt § 7, daß Rechtsverordnungen nur „zur Erfüllung der sich aus § 5 ergebenden Pflichten" erlassen werden können. Hingegen läßt § 23 Anforderungen ganz allgemein zum „Schutz der Allgemeinheit und der Nachbarschaft vor schädlichen Umwelteinwirkungen" zu — eine Formulierung, die wesentlich über § 22 hinausgeht[4].

2. § 23 nimmt eine *Verlagerung* der Betreiberpflichten *von der Immissionsbegrenzung zur Emissionsbegrenzung* vor.

Zwar muß auch die Emissionsbegrenzung, wie bereits erwähnt, dem Schutz vor schädlichen Umwelteinwirkungen dienen. Hierbei kann es sich aber nur um einen Schutz im abstrakten Sinn handeln. Während die Grundpflichten in § 22 auf die Anordnung im Einzelfall zugeschnitten sind und deshalb sinnvoll auch einen Nachweis konkret vorhandener oder drohender Immissionen voraussetzen, müssen die Festsetzungen nach § 23 generell und ex ante getroffen werden[5]. Zur Gültigkeit dieser Festsetzungen muß es daher genügen, wenn die erfaßten Anlagen bekanntermaßen in immissionsträchtiger Weise emittieren[6], und wenn die festgesetzten Emissionswerte zur Immissionsbegrenzung nicht offenbar unzureichend oder offenbar übertrieben sind. Der damit umschriebene Grad der Wahrscheinlichkeit schädlicher Umwelteinwirkungen kann auch als abstrakt oder hypothetisch bezeichnet werden[7]. Da Emissionsbegrenzung in dieser Form über die im Einzelfall erforderliche *Abwehr* hinausgehen kann, *bewirkt* sie Vorsorge auch im Hinblick auf die Gesamtbelastung durch Immissionen[8]. Da diese Auswirkungen bereits aus dem Gebot der Emissionsbegrenzung resultieren, ist es *rechtlich* ohne Belang, ob § 23 zur „Vorsorge" ermächtigt. Insbesondere kann ein Vergleich mit dem in § 5 Nr. 2 enthaltenen Vorsorgegebot nicht unmittelbar vorgenommen werden. Dort geht es um die Festsetzung von Emissionswerten im Einzelfall; diese können konkret

---

[2] Vgl. o. 1 I 3.

[3] s. u. 2 e).

[4] *Jarass*, § 23 Rn. 1.

[5] Vgl. *Jarass*, DVBl. 1983, 725/731 f.

[6] BT-Dr. 7/179, 39.

[7] *Jarass*, DVBl. 1983, 725/731 f.

[8] Vgl. *Kutscheidt*, in: Grundzüge, 251 f. zum Inhalt des Vorsorgeprinzips und (256) zur Unerheblichkeit konkreter Schädigung.

auf ihre Erforderlichkeit überprüft werden. Hingegen müssen die generell im Verordnungswege festgelegten Emissionsgrenzen, um überhaupt praktikabel zu sein, einem Einzelfallvorbehalt entzogen werden. Der Betreiber wird deshalb nicht mit dem Einwand gehört, die festgelegten Emissionsgrenzen seien zu niedrig, weil *seine* Anlage auch bei Überschreiten der Grenzwerte keine schädlichen Umwelteinwirkungen verursache. Es geht nämlich in § 23 um die *pauschale* Verminderung der Gesamtumweltbelastung durch Luftverunreinigungen und Lärm. Die generelle Emissionsbegrenzung ist dasjenige Instrument, das dem Beitrag der n. g. Anlagen am besten gerecht wird. Wie angeführt, drohen von der einzelnen n. g. Anlage häufig keine besonderen Gefahren[9]. Sie wäre in diesem Fall für eine Aufnahme in die Verordnung über die genehmigungsbedürftigen Anlagen in Betracht zu ziehen[10]. Vielmehr wird die Umwelt durch die zahlenmäßige Verbreitung der n. g. Anlagen bedroht[11]. Dieser Gefahr kann nur durch pauschale Emissionsbegrenzung begegnet werden. Diese Entscheidung des Gesetzgebers ist wegen der unbestreitbar vorhandenen Umweltbelastung insgesamt verhältnismäßig und bedarf nicht etwa der Rechtfertigung im Einzelfall, die ja nur durch Nachweis von konkreten Gefahren stattfinden könnte und damit den eigentlichen Gesetzeszweck verfehlen müßte.

3. Die *Begrenzungen auf den Stand der Technik* und das *Mindestmaß* entfallen.

Soweit nach § 23 technische *Anforderungen zum Zwecke der Emissionsbegrenzung* gestellt werden, müssen diese (selbstverständlich) nach allgemeinen Verhältnismäßigkeitsgrundsätzen zur Erreichung dieses Zieles geeignet sein; hierfür spielt der Stand der Technik eine Rolle. Werden allerdings nach § 23 Abs. 1 Nr. 2 zulässige *Emissionsgrenzwerte selbst* unmittelbar festgesetzt, so ist es Sache des Betreibers, wie er dies einhält. Der Verordnunggeber ist nach dem Wortlaut des § 23 nicht auf die nach dem Stand der Technik möglichen und wirtschaftlich vernünftigen Grenzwerte beschränkt. Auch aus allgemeinen Erwägungen insbesondere verfassungsrechtlicher Art kann man ihn darauf nicht festlegen, wie es etwa die Begründung zum EBImSchG versucht[12]. Der dort verwendete Begriff des „wirtschaftlich Vernünftigen“ kann bei § 23 gerade nicht aus dem Gesetz abgeleitet werden[13]. Diese Beschränkung wird auch, soweit ersichtlich, in den erlassenen Verordnungen nicht berücksichtigt. Nachdem das Interesse an globaler Umwelt*ver-*

---

9 BT-Dr. 7/179, 38.

10 BT-Dr. 7/179, 39.

11 BT-Dr. 7/179, 38.

12 BT-Dr. 7/179, 39.

13 Anders bei § 22 („Stand der Technik“), wo die wirtschaftliche Vernünftigkeit als Untermerkmal der praktischen Eignung bestimmt wurde, s. o.

besserung nicht ökonomisch-betriebswirtschaftlich begründet ist[14], wäre sonst auch im Bereich der n. g. Anlagen eine solche Fortentwicklung nicht zu erreichen. Die Konsequenz der Betriebseinstellung muß dabei hingenommen werden[15].

Höchst formal wird hiergegen eingewandt, § 23 spreche nur von „Anforderungen an den Betrieb". Der Weiterbetrieb müsse stets ermöglicht werden[16]. Zutreffend ist daran, daß die in der Rechtsverordnung *ausdrücklich* ausgesprochene oder durch Einzelakt zugelassene Betriebseinstellung nicht mehr als Anforderung an den Betrieb verstanden werden könnte und deshalb nicht Inhalt der Verordnung sein dürfte[17].

Eine ganz andere Frage ist es, ob eine (im Hinblick auf die Gesamtbelastung der Umwelt gebotene) Emissionsbegrenzung im Einzelfall einen wirtschaftlichen Zwang zur Betriebseinstellung *bewirken* darf (faktische Untersagung). Diese Frage hat mit der begrifflichen Beschränkung auf Anforderungen an den Betrieb gar nichts zu tun.

Hier liegt vielmehr eine reine Wertungsfrage vor. Diese kann unter Heranziehung des § 25 Abs. 2 zunächst unschwer für den Fall beantwortet werden, daß bei Überschreiten der Emissionswerte einer Verordnung Gefahren im Sinne des § 25 Abs. 2 drohen würden. Eine faktische Untersagungswirkung der Verordnung wäre hier unbedenklich, weil sogar die ausdrückliche Untersagung zulässig ist. Aber auch dann, wenn solche Gefahren oder auch nur Nachteile und Belästigungen erheblicher Art nicht drohen, muß grundsätzlich der Emissionswert sich gegenüber wirtschaftlichen Erwägungen durchsetzen. Dies ist die Konsequenz einmal des klaren Gesetzeswortlauts, der die wirtschaftliche Vertretbarkeit *nicht* erwähnt, zum anderen des bewußten Verzichts auf eine Kontrolle jeder einzelnen n. g. Anlage, der eben eine generalisierte Betrachtungsweise notwendig macht. Wenn der Verordnunggeber bisher gleichwohl Ausnahmeregelungen durch Befreiung im Einzelfall zugelassen hat, sofern „nach den besonderen Umständen des Einzelfalls schädliche Umwelteinwirkungen nicht zu befürchten sind"[18], so sind damit im Bereich der „Erheblichkeit" von Nachteilen und Belästigungen Möglichkeiten gegeben, die Vorbelastung zugunsten alter Betriebe zur Geltung zu bringen. Ist danach jegliche schädliche *Im*mission ausgeschlossen, so können wirtschaftliche Gesichtspunkte in das Ermessen bei der Erteilung der Ausnahme ein-

---

14 Vgl. *Steiger*, in: Salzwedel, Grundzüge, 4 f.

15 *Jarass*, § 23 Rn. 5.

16 *Kutscheidt*, NVwZ 1983, 65/69.

17 *Feldhaus*, § 23 Anm. 3.

18 § 8 — 1. BImSchV — (Feuerungsanlagen); § 6 — 7. BImSchV — (Holzstaub); § 3 Abs. 3 — 8. BImSchV — (Rasenmäher).

fließen. Zu beachten ist aber, daß nach dem Gesagten keineswegs ein Rechtsanspruch auf Ausnahme von den Emissionswerten schon dann besteht, wenn keine konkret schädlichen Umwelteinwirkungen drohen. Wie ausgeführt, gehen Emissionswerte notwendig über den Bereich der reinen Abwehr konkreter Beeinträchtigungen hinaus; sie erfüllen ihren Sinn auch dann, wenn keine konkreten Anhaltspunkte des Einzelfalls für ihre Einhaltung sprechen.

4. Neben der generellen Emissionsbegrenzung kommen auch *zeitliche Betriebsbeschränkungen* in Betracht.

Stark begrifflich-formalistisch argumentiert hier eine vereinzelte Gegenmeinung, die die zeitliche Begrenzung ablehnt, weil § 23 den jederzeit (!) zulässigen Betrieb „begrifflich voraussetzt"[19]. Diese vermeintliche begriffliche Voraussetzung ist jedoch als praxisfremd abzulehnen. Gerade im Bereich des Lärmschutzes ist die zeitliche Beschränkung das klassische Beispiel immissionsschützerischer Anforderungen[20].

5. Das *Verhältnis von § 22 und § 23* ist vom *Vorrang der strengeren Regelung* bestimmt.

Beide Vorschriften verwirklichen den Immissionsschutz auf unterschiedlicher Ebene, so daß eine ausschließliche Vorrangbestimmung zugunsten der einen oder anderen Norm nicht möglich ist: Abwehr von Gefahren und Belästigungen *im Einzelfall* kann bald höhere, bald niedrigere Anforderungen stellen als die generelle Begrenzung der Umweltbelastung. Hieraus ergibt sich, daß insbesondere der Stand der Technik die Verordnungswerte überholen kann. Ebensowenig wie § 23 an den Stand der Technik anknüpft, dient die Verordnungsermächtigung zur verbindlichen Festlegung dieses Standards[21]. Es wäre auch gesetzgebungstechnisch zweifelhaft, die Anbindung des § 22 an den entwicklungsfähigen Stand der Technik durch eine „Versteinerung" in normativer Form wieder rückgängig zu machen. Es ist zwar einzuräumen, daß hierdurch die Gewähr der Rechtssicherheit durch den Verordnungserlaß nicht mehr uneingeschränkt gegeben ist[22]; die damit entstehende Unsicherheit für den Betreiber relativiert sich jedoch bei näherer Betrachtung in mehrfacher Hinsicht. Zum einen ist bei der gegenwärtigen Zersplitterung des Rechts der n. g. Anlagen das mögliche Vertrauen eines Betreibers auf die abschließende Geltung der Verordnungen von nicht sehr großem Gewicht[23]. Weiterhin wird bei Einhal-

[19] *Anon.*, BayVBl. 1980, 445.

[20] Vgl. 3 — 8. BImSchV — und oben § 3 II der Untersuchung.

[21] So aber (ohne Begründung) *Sellner / Löwer*, WiVerw. 1980, 221/235.

[22] Daher im Ergebnis anderer Ansicht *Schmatz / Nöthlichs*, § 23 Anm. 1: Verordnung legt Stand d. Technik fest.

[23] s. noch unten §§ 7 u. 8.

tung der Emissionswerte eine erhebliche Beeinträchtigung der Umwelt ohnehin nicht häufig sein. Sollte sie dennoch auftreten, so spricht die Vorbelastung aus dem bisherigen „verordnungstreuen" Betrieb zugunsten des Betreibers; im Bereich der Nachteile und Belästigungen wird daher meist der Richtwert der Verordnung der Erheblichkeitsgrenze entsprechen. Treten allerdings trotz Einhaltung der Verordnungswerte noch Gefahren auf, so kann eine Vorbelastung keine Rolle spielen[24]; ein *schutzwürdiges* Vertrauen des Betreibers ist in diesem Fall ebenfalls auszuschließen.

Soweit sich aus § 22 strengere Anforderungen ergeben, sind diese daher neben den Verordnungen zu beachten. Daraus folgt wiederum, daß der Vorbehalt weitergehender Anordnungen in den bisher erlassenen Verordnungen dem Gesetz entspricht[25].

6. *Bisher* wurden nach § 23 Abs. 1 folgende *Verordnungen erlassen:*

— VO über *Feuerungsanlagen* — 1. BImSchV —[26],

— VO über *Chemischreinigungsanlagen* — 2. BImSchV —[27],

— VO über Auswurfbegrenzung von *Holzstaub* — 7. BImSchV —[28],

— VO über *Rasenmäherlärm* — 8. BImSchV —[29].

Eine VO über ortsbewegliche[30] Bitumenmischanlagen, Metallentfettungsanlagen und Druckereien wurde in Betracht gezogen; der Plan wurde jedoch nicht weiter verfolgt[31].

7. Im Rahmen des Verordnungserlasses können *versteckte Kompetenzprobleme* erneut verfassungsrechtliche Fragen aufwerfen, die in grundsätzlicherer Weise bereits Gegenstand dieser Untersuchung waren[32].

Beispielhaft soll dies am kompetenzrechtlichen Begriff des *Lärmschutzes* und den Bestimmungen der 8. BImSchV dargestellt werden. Es ist bisher in der Literatur nur sehr allgemein erörtert worden, was Lärmschutz bedeutet. Die Rasenmäherlärmverordnung enthält hierzu folgende Regelung:

---

[24] s. o. § 3 II 2.

[25] § 7 — 1. BImSchV —; § 5 — 2. BImSchV; § 5 — 7. BImSchV —.

[26] Vom 28. 8. 1974, i. F. d. Bek. v. 5. 2. 1979, BGBl. I 165.

[27] Vom 28. 8. 1974, BGBl. I 2130.

[28] Vom 18. 12. 1975, BGBl. I 3133.

[29] Vom 28. 7. 1976, BGBl. I 2024; geänd. durch VO vom 11. 8. 1980, BGBl. I 1298.

[30] Gemeint: ortsveränderliche.

[31] Vgl. StS v. Schoeler, Sten.Ber. d. BT 08/71, 5627.

[32] s. o. § 1.

„§ 3. Regelung des Betriebs.

(1) Rasenmäher dürfen

a) in der Zeit von 22 bis 7 Uhr,

b) an Sonn- und Feiertagen und

c) an Werktagen in der Zeit von 19 bis 22 Uhr
nicht betrieben werden.

...

(4) Weitergehende Bestimmungen vor allem zum Schutz der Mittags- und Nachtruhe sowie zum Schutz von Sonn- und Feiertagen bleiben unberührt."

Die Verordnung knüpft also an Bedürfnisse der Nacht- und Feiertagsruhe an. Sie ist hierbei insoweit vom Gesetz gedeckt, als zeitliche Beschränkungen des Betriebs zulässig sind — die These vom angeblich jederzeit zulässigen Anlagenbetrieb wurde bereits zurückgewiesen.

Bedenken ergeben sich aber aus der Erwägung, daß der Begriff des Lärmschutzes auf Verfassungsebene insofern eingeschränkt sein könnte, als für Fragen der Nacht- oder Feiertagsruhe eine ausschließliche Gesetzgebungskompetenz der Länder anzunehmen wäre. Daraus würde die unmittelbare Nichtigkeit von § 3 — 8. BImSchV — folgen; die salvatorische Öffnungsklausel in Abs. 4 könnte daran nichts ändern, denn die Regelung ist insgesamt dem kompetenten Gesetzgeber vorbehalten.

Es ist nun in einer Entscheidung zu §§ 4 ff. die Auffassung vertreten worden, das Bundesrecht könne nur Regelungen zum Schutz der Nachtruhe, nicht aber zum Schutz der Feiertagsruhe enthalten[33]. Hierfür wird auf den Inhalt der TA-Lärm zurückgegriffen. Dort sind nur Abstufungen zum Schutz der Nachtruhe enthalten; Sonn- und Feiertage werden nicht gesondert berücksichtigt.

Nach dieser Auffassung läßt sich eine Gleichsetzung von Nachtzeit und Sonn- und Feiertagen auch nicht aus dem BImSchG herleiten. Einer solchen Auslegung des Gesetzes stehe entgegen, daß der Immissionsschutz und der Schutz der Sonntagsruhe auf jeweils verschiedenen verfassungsrechtlichen Grundlagen beruhen: Art. 74 Nr. 24 bzw. Art. 140 GG i. V. m. Art. 139 WRV. Der Schutz der Sonntagsruhe könne angesichts dieser unterschiedlichen verfassungsrechtlichen Zuordnung nicht als ein Unterfall des allgemeinen Immissionsschutzes angesehen werden[34].

Dieser Aufteilung des Lärmschutzes kann jedoch in Begründung und Ergebnis nur zum Teil gefolgt werden. Was Lärmschutz bedeutet, ist

---

[33] OVG Lüneburg, UPR 1984, 277 f.

[34] Ebd.

anhand der gesundheitspolitischen Zielsetzung zu bestimmen, die für die Einführung von Art. 74 Nr. 24 maßgeblich war. Es trifft daher zu, jedenfalls den Schutz der Nachtruhe als Unterfall der Lärmbekämpfung zu bezeichnen. Über die gesundheitsgefährdenden Wirkungen von Störungen der Nachtruhe besteht Einigkeit[35]. Indiz — nicht ausschlaggebend — hierfür ist auch die Fassung von Nr. 2.32 TA-Lärm. Es ist dem OVG auch darin zuzustimmen, daß der Schutz der Feiertagsruhe keinen spezifisch gesundheitspolitischen Belang darstellt. Unzutreffend ist es aber, Art. 74 Nr. 24 GG und Art. 140 GG einander in der Kompetenzfrage gegenüberzustellen. Kompetenzen kann Art. 140 weder verleihen noch beschränken. Immerhin kann aber die Feiertagsruhe in religiös-kultischer Hinsicht wegen Art. 140 GG als eigenständiges Gesetzgebungsziel neben den Immissionsschutz gestellt werden. Die hier traditionell bestehende Landeskompetenz hat also eigenes Gewicht. Das OVG übersieht aber, daß die „seelische Erhebung"[36] für die Bevölkerung jedenfalls nicht mehr ausschließlich den Wert der Feiertagsruhe bestimmt. Vielmehr führt ein gesteigertes Ruhebedürfnis der Allgemeinheit an Sonn- und Feiertagen dazu, daß Lärm gerade in dieser Zeit als Belästigung i. S. von § 3 Abs. 1 empfunden wird. Die Erkenntnisse der TA-Lärm haben hier keinesfalls abschließenden Charakter. Hinsichtlich dieses allgemeinen Ruhebedürfnisses ist also sehr wohl eine Kompetenz des Bundes gegeben, während die Länder auf den Schutz von Gottesdiensten oder sonstigen feierlichen Veranstaltungen verwiesen sind.

§ 3 der Rasenmäherlärmverordnung ist somit insgesamt kompetenzrechtlich gedeckt.

III. Die konkurrierende Ermächtigung von Bundesregierung und Landesregierungen (§ 23 Abs. 2)

§ 23 Abs. 1 ermächtigt zum Verordnungserlaß die Bundesregierung. Soweit diese von ihrer Befugnis keinen Gebrauch macht, kann gemäß § 23 Abs. 2 die Landesregierung Verordnungen im Sinne des Abs. 1 erlassen. Diese Aufteilung gleicht der Regelung der konkurrierenden Gesetzgebungsbefugnis in Art. 72 GG; sie enthält jedoch keine Bedürfnisklausel, so daß die Bundesregierung jederzeit tätig werden kann, ohne die Notwendigkeit oder auch nur Zweckmäßigkeit einer bundeseinheitlichen Verordnungsregelung besonders begründen zu müssen.

Entsprechend der abschließenden Aufzählung von Ermächtigungsadressaten in Art. 80 Abs. 1 Satz 2 GG[37] ermächtigt § 23 Abs. 2 nur die

35 Vgl. *Kutscheidt*, in: Salzwedel, Grundzüge, 237/254.

36 OVG Lüneburg, UPR 1984, 277/278.

Landes*regierung*; der Landes*gesetzgeber* kann sich auf diese Ermächtigung nicht berufen.

Anders als der Bundesregierung ist den Landesregierungen die Subdelegation der Ermächtigung an eine oder mehrere oberste Landesbehörden freigestellt (§ 23 Abs. 2 Satz 2). Art. 80 Abs. 1 Satz 4 GG schreibt der Landesregierung hierfür die Form der Rechtsverordnung vor.

Die damit durch Verfassung und Gesetz vorgegebene klare Stufenfolge der Ermächtigungen schien den Verfassern der Begründung zum EBImSchG offenbar nicht ausreichend. Sie nannten daher in der Begründung zusätzlich die Möglichkeit der Subdelegation durch Landesgesetz[38].

Dieser Zusatz wurde in der Literatur unter ausdrücklicher Berufung auf Art. 80 Abs. 1 Satz 4 zustimmend aufgegriffen[39].

Er stimmt aber mit dem Wortlaut des GG gerade *nicht* überein. Art. 80 spricht nur von einer Subdelegation durch Rechtsverordnung. Ferner geht das GG mit den Worten „*weiter* übertragen"[40] ersichtlich von einem Übertragungsakt des Erstdelegatars (hier: der Landes*regierung*) aus[41].

Angesichts der Gefahr eines „heillosen Kompetenzwirrwarrs"[42] gerade im Recht der n. g. Anlagen kann diese nicht (bzw. fehlerhaft) begründete Kompetenzabspaltung nicht ohne weiteres hingenommen werden. Sie muß vielmehr im Ergebnis aus folgenden Gründen abgelehnt werden:

Wenn das GG bestimmt, daß zur Weiterübertragung eine Rechtsverordnung erforderlich sei, so dient das u. a. dem *Publikationsgebot*[43]. Unter diesem Gesichtspunkt wäre allerdings eine Subdelegation durch Landesgesetz unbedenklich. Entscheidend ist aber nicht nur die Form der Übertragung, sondern auch die Zuständigkeit hierfür. Der Landesgesetzgeber kann eine Verordnungsermächtigung schon deshalb nicht *weiter* übertragen, weil er zum Erlaß der Verordnung selbst ursprünglich nicht ermächtigt ist und auch nicht sein dürfte[44]. Es muß zwar eingeräumt werden, daß das Landesverfassungsrecht bestimmt, ob innerhalb der Landesregierung sich beim Verordnungserlaß das Kollegial-

---

37 *Bryde*, in: v. Münch, GG, Art. 80 Rn. 11.

38 BT-Dr. 7/179, 39.

39 *Jarass*, § 23 Rn. 9.

40 Hervorhebung v. Vf.

41 *Maunz*, in: M-D-H-S, GG, Art. 80 Rn. 46.

42 *Kutscheidt*, NVwZ 1983, 65/69.

43 *Bryde*, in: v. Münch, GG, Art. 80 Rn. 25.

44 *Maunz*, in: M-D-H-S, GG, Art. 80 Rn. 38.

oder das Ressortprinzip durchsetzt[45]. Möglicherweise kann das Landesverfassungsrecht auch den Verordnungserlaß generell von einer zusätzlichen Ermächtigung durch den Landesgesetzgeber abhängig machen[46]. Es kann aber nicht eine bundesrechtlich der Landes*regierung* zugewiesene Verordnungsermächtigung *allein* für den Landes*gesetzgeber* in Anspruch nehmen. Dies würde gegen den klaren Wortlaut der (Bundes-)Verfassung verstoßen. Es würde darüber hinaus zu höchst widersprüchlichen Ergebnissen führen: Nach allgemeiner Meinung bleibt nämlich auch im Fall der Subdelegation der Erstdelegatar ermächtigt[47]. Er soll durch Rücknahme der Subdelegation, ja sogar durch Erlaß eigener Verordnungen zur Abänderung und Beseitigung der von der obersten Landesbehörde erlassenen Verordnung befugt sein[48].

Hätte nun der Landesgesetzgeber subdelegiert, so wäre diese Entscheidung der Landesregierung wohl entzogen; wegen ihrer Bindung an Landesgesetze[49] könnte sie die Subdelegation entgegen der Intention des Art. 80 Abs. 1 Satz 4 GG nicht rückgängig machen. Die Landesregierung könnte aber ohne Verstoß gegen den Wortlaut des lediglich subdelegierenden Landesgesetzes eine eigene, von der der obersten Landesbehörde abweichenden Verordnung erlassen. Das Verhältnis dieser beiden Verordnungen wäre völlig unklar.

Die Auffassung von der Subdelegationsbefugnis des Landesgesetzgebers widerspricht daher nicht nur Gesetz und Verfassung, sie ist auch unpraktikabel.

Schließlich kann auch nicht angenommen werden, daß dem Landesgesetzgeber diese Befugnis kraft konkurrierender Gesetzgebungsbefugnis zukommt. Selbst bei weitester Auslegung der „Unberührt"-Klausel in § 22 Abs. 2[50] muß davon ausgegangen werden, daß der Bundesgesetzgeber die Frage der Verordnungsermächtigung nach § 23 abschließend geregelt hat. Hierzu war er nach Art. 80 GG ausdrücklich verpflichtet; er mußte im Bundesgesetz selbst die Möglichkeit der Delegation und Subdelegation eindeutig regeln. Damit ist aber gemäß Art. 72 Abs. 1 GG eine Regelung durch Landesgesetz ausgeschlossen. Es muß daher dabei bleiben, daß die Verordnungsermächtigung des § 23 Abs. 1 und 2 ausschließlich durch Rechtsverordnung der Landesregierung weiter übertragen werden kann.

---

[45] Vgl. *Dauster*, Die Stellung des Landesministers, 306, dort Fn. 46.

[46] Offengelassen von BVerfGE 38, 139/147.

[47] *Maunz*, GG, Art. 80 Rn. 43.

[48] Ebd.

[49] BVerfGE 38, 139/147.

[50] Hierzu noch unten § 8. Auch eine Verordnungsermächtigung schließt den Landesgesetzgeber inhaltlich aus: BVerfGE 18, 407/417 (Sperrbezirksverordnung).

§ 5. Die Einzelmaßnahmen nach §§ 24, 25

I. Die abgeschwächte Kontrolle der n. g. Anlagen

Die n. g. Anlagen unterliegen keiner förmlichen immissionsschutzrechtlichen Kontrolle vor Aufnahme des Betriebs. Sie bedürfen nach dem BImSchG weder einer Genehmigung noch einer Anzeige[1]. Wie bereits dargestellt[2], beruht diese Freistellung auf der gesetzgeberischen Erwägung, daß von der einzelnen n. g. Anlage i. d. R. nur solche Beeinträchtigungen ausgehen, die ein aufwendiges Genehmigungsverfahren nicht rechtfertigen.

Der Kontrolle der n. g. Anlagen durch Anordnungen nach § 24 f. kommt deshalb eine höhere Bedeutung zu als den Maßnahmen gegenüber genehmigungsbedürftigen Anlagen nach § 17, die als Ergänzung zu einer schon umfassenden Immissionsprüfung im Genehmigungsverfahren hinzutreten. Die Anordnungen des § 24 stellen die erste spezifisch immissionsschutzrechtliche Überwachung[3] der n. g. Anlagen dar.

Daraus ergibt sich eine faktisch größere Freiheit des Betreibers einer n. g. Anlage, der aber andererseits eine geringere Rechtssicherheit gegenübersteht. Hierauf wird zurückzukommen sein, wenn es um die Begrenzung von Maßnahmen durch Gesichtspunkte des Vertrauensschutzes und der wirtschaftlichen Vertretbarkeit geht[4].

Bei der Erörterung der §§ 24 und 25 sind im folgenden darzustellen:

— Inhalt und Bestimmtheit von *Anordnungen* nach *§ 24 Satz 1*,

— Rechtsnatur und Durchsetzung der *Betriebsuntersagung* nach *§ 25 Abs. 1*,

— die Möglichkeit der *sofortigen Betriebsuntersagung* nach *§ 25 Abs. 2* sowie

— das *Ermessen* der Immissionsschutzbehörde.

---

[1] Zur Baugenehmigung s. noch unten, 3. Abschnitt, § 9; zum Sonderfall der anzeigepflichtigen Anlagen (§ 67 Abs. 2), die *teilweise* den §§ 22 ff. unterliegen, s. o. § 2 V 2.

[2] s. o. § 3 I 3.

[3] Zur andersgerichteten *technischen* Überwachung nach §§ 24 ff. GewO und dem wesentlich engeren Kreis dort geregelter Anlagen s. u. § 8.

[4] s. o. § 4 II 3 e).

II. Die Anordnung nach § 24 Satz 1

1. *Ziel der Anordnung* nach § 24 Satz 1 ist die *Durchsetzung der Grundpflichten* nach § 22 Abs. 1 sowie der (u. U. weitergehenden) *Pflichten aus Rechtsverordnungen*, die auf das BImSchG gestützt sind[5].

Wegen der systematischen Stellung des § 24 im 2. Teil des BImSchG sind nach § 24 nur solche Verordnungen durchsetzbar, die sich mit der *Errichtung* und dem *Betrieb* von Anlagen befassen[6]. In diesem systematischen Zusammenhang stehen nur die §§ 23 Abs. 1 und 2 sowie § 49 Abs. 1 und 2[7].

Nicht nach § 24 durchsetzbar sind die Verordnungen nach §§ 32 ff. und 38 ff.[8]. Ein echter Zweifelsfall sind die Verordnungen über die Qualifikationen von Immissionsschutzbeauftragten nach § 55 Abs. 2 Satz 3. Diese sind dem wenig erhellenden Teil „Gemeinsame Vorschriften" am Ende des Gesetzes zugeordnet. Insofern hier aber eine *Betreiberpflicht* konkretisiert wird, kann systematisch die Verbindung zu § 24 hergestellt werden. Dieser Schluß ist auch zutreffend, weil es insoweit im BImSchG an einer Rechtsgrundlage zum Vollzug der Pflicht fehlt[9].

2. Der *mögliche Inhalt der Anordnungen* ergibt sich aus der Bandbreite der Pflichten nach §§ 22 und 23; alle hiernach geeigneten und er-

---

5 Zum Verhältnis Grundpflicht—Rechtsverordnung s. o. § 4.

6 *Jarass*, § 24 Rn. 5. Andere Autoren nennen hier *sämtliche* nach dem BImSchG möglichen Verordnungen, insbesondere diejenigen nach § 32 ff. (Herstellen und Inverkehrbringen), so etwa *Feldhaus*, § 24 Anm. 3; *Schmatz / Nöthlichs*, § 24 Anm. 1; im Ergebnis wohl auch *Kutscheidt*, NVwZ 1983, 65/71 (dort Fn. 95). Das systematische Argument wird von den Genannten völlig übergangen, ebenso die weitreichenden Konsequenzen für den Adressatenkreis. Während nämlich § 22, 23, 25 nur für Errichter und Betreiber gelten, würde sich § 24 bei weiter Auslegung auch gegen Hersteller und Händler etc. richten (so ausdrücklich und konsequent *Schmatz / Nöthlichs*. a. a. O.). Dieser Bruch in der Gliederung des Gesetzes bedürfte allerdings genauerer Begründung als der schlichten Aufzählung von Verordnungsermächtigungen, wie sie etwa *Feldhaus* a. a. O. vornimmt. Es kann dieser weiten Auslegung daher nicht gefolgt werden.

7 § 49 Abs. 3 scheidet schon vom Tatbestand des § 24 her aus; die dort angesprochenen *ortsrechtlichen* Vorschriften sind nicht auf das BImSchG, sondern auf die (nach § 49 Abs. 3 unberührt bleibenden) landesrechtlichen Ermächtigungen gestützt.

8 Kraftfahrzeuge sind keine Anlagen; s. o. § 2 IV 2 c.

9 Die Zuständigkeit der „immissionsschutzrechtlichen Überwachungsbehörde als allgemeine oder besondere Ordnungsbehörde" (*Jarass*, vor § 53 Rn. 9) aufgrund der polizeirechtlichen *Generalklausel* hilft nicht weiter. *Immissionsschutzbehörde* kann nur eine Sonderordnungsbehörde sein, soweit ihr eine *besondere* Befugnis zugeordnet ist. Vor der Zuständigkeit *allgemeiner* Ordnungsbehörden sind aber die Befugnisnormen des BImSchG zu prüfen. Die Konstruktion von *Jarass* geht dann ins Leere, wenn die ordnungsbehördlichen Generalklauseln bestimmten Behörden zur Durchsetzung zugewiesen sind und diese Zuständigkeit von der des § 24 abweicht.

forderlichen Maßnahmen können aufgrund des § 24 Satz 1 gefordert werden. Auf die Ausführungen dort wird deshalb verwiesen[10]. Hervorzuheben ist, daß wegen der Verbindung zu § 22 Anordnungen sowohl technischer wie nichttechnischer Art möglich sind[11].

3. Der *Bestimmtheit von Anordnungen* kommt im Hinblick auf die Strafdrohung der §§ 325, 330 Abs. 1 Nr. 2 StGB sowie die Bußgeldbewehrung nach § 62 Abs. 1 Nr. 7 BImSchG besondere Bedeutung zu. Zu beachten ist, daß der Gesetzgeber die Grundpflichten des § 22 als solche nicht bewehrt; diese werden als nicht hinreichend bestimmt angesehen[12]. Verstöße gegen Anordnungen *sind* hingegen straf- und bußgeldbedroht. Deshalb würde der *Bestimmtheitsgrundsatz unterlaufen*, wenn die Behörde lediglich gesetzeswiederholende oder das Gesetz auf gleicher Abstraktionsebene nur umschreibende Anordnungen erließe. Die Anordnungen müssen also den Inhalt der Grundpflicht konkreter erkennbar machen.

Hinreichend bestimmt ist — auch zur Durchsetzung des § 22 — z. B. die *Vorgabe von Emissionswerten;* dies entspricht auch der gesetzgeberischen Entscheidung, Verstöße gegen die Emissionswerte nach *§ 23* Abs. 1 Nr. 2 über § 62 Abs. 1 Nr. 7 unmittelbar als Ordnungswidrigkeit zu behandeln. Es muß in dieser Anordnung nicht zusätzlich festgelegt werden, *wie* die Einhaltung der Emissionsgrenzen zu bewerkstelligen ist. Vielmehr stellt die (bloße) „Zielvorgabe" i. d. R. sogar das mildere (und damit allein verhältnismäßige) Mittel dar, weil sie dem Betreiber noch Handlungsspielraum läßt, die wirtschaftlich sinnvollste Lösung zu finden[13]. Zu unbestimmt ist hingegen die Anordnung, „schädliche Umwelteinwirkungen möglichst vollständig zu vermeiden"[14] oder „sie auf ein Mindestmaß zu reduzieren". Damit wird nur der Gesetzesinhalt umschrieben. Der Betreiber kann hieraus allenfalls dann konkrete Handlungspflichten ableiten, wenn er (immissionsschutz-)technisch versiert ist; dies kann jedoch bei Betreibern n. g. Kleinanlagen nicht unterstellt werden. Meist wird nicht einmal der technisch Versierte aus solchen Anordnungen entnehmen können, welche Vorstellungen die Behörde für seinen konkreten Fall damit verfolgt. Dann kann die Anordnung schon aus tatsächlichen Gründen nicht ausgeführt werden und ist daher nichtig gemäß § 44 Abs. 2 Nr. 4 VwVfG[15].

10 s. o. §§ 3 und 4.

11 Vgl. oben § 3 II.

12 BT-Dr. 7/179, 38.

13 Vgl. *Feldhaus*, § 24 Anm. 7.

14 Vgl. OVG Münster, DVBl. 1976, 801; zust. *Obermayer*, VwVfG, § 37 Rn. 13.

15 Anders in der Begründung *Kopp*, VwVfG, § 44 Rn. 22 und *Obermayer*, VwVfG, § 44 Rn. 72, die wegen Unbestimmtheit einen Fehler nach § 44 Abs. 1 annehmen.

III. Die Betriebsuntersagung nach § 25 Abs. 1

1. *Voraussetzung* für die Untersagung ist die *Nichterfüllung einer vollziehbaren Anordnung* nach § 24 Satz 1.

Die Vollziehbarkeit der Anordnung ist mangels ausdrücklicher gesetzlicher Regelung nach allgemeinen Grundsätzen zu beurteilen. Hierzu gehört zunächst die Wirksamkeit, auch unter dem Gesichtspunkt der Bestimmtheit der Anordnung[16]. Die Vollziehbarkeit der Anordnung setzt ferner voraus, daß keine aufschiebende Wirkung entgegensteht; sie liegt also stets vor nach Anordnung der sofortigen Vollziehung gemäß § 80 Abs. 2 Nr. 4 VwGO.

Zweifelhaft ist, ob (bei Fehlen einer Anordnung der sofortigen Vollziehung) weitergehend die *Unanfechtbarkeit* zu fordern ist[17] oder ob es genügt, wenn die Anordnung nur tatsächlich nicht angefochten worden ist. Auf den Begriff der Vollziehbarkeit i. S. von Unanfechtbarkeit in den Verwaltungsvollstreckungsgesetzen[18] kann hier *direkt* schon deshalb nicht zurückgegriffen werden, weil die Tatbestandsvoraussetzungen der Untersagung eben im BImSchG *speziell* geregelt sind. Daran ändern auch Betrachtungen zur Rechtsnatur der Untersagung als Vollstreckungsmaßnahme nichts. Während die Vollstreckungsgesetze ausdrücklich die Unanfechtbarkeit fordern, könnte nach dem Wortlaut des BImSchG auch die (nicht durch Suspensiveffekte berührte) Wirksamkeit ausreichen. So soll es z. B. für die Durchsetzung der Gewerbeuntersagung (§ 35 Abs. 1 GewO) durch Betriebsschließung (§ 35 Abs. 5 GewO) ausreichen, daß die Gewerbeuntersagung nicht angefochten *ist*[19]. § 35 Abs. 5 GewO spricht aber nur vom „untersagten Gewerbe"; es wird also nicht mehr als die Wirksamkeit der Untersagung ausdrücklich gefordert.

Wenn demgegenüber § 25 Abs. 1 ausdrücklich die Vollziehbarkeit erwähnt, so liegt es näher, daß hiermit mehr als das (schon nach allgemeinen Grundsätze bestehende) Erfordernis der Wirksamkeit gemeint ist, nämlich die Fälle des § 80 VwGO oder die Unanfechtbarkeit. Hierfür spricht auch der Rechtsgedanke der erwähnten Vollstreckungsvorschriften; ferner ist es aus praktischen Gründen vorzuziehen, eine Untersagung nicht unter dem Vorbehalt der jederzeit möglichen Suspension zu vollstrecken.

Im Ergebnis ist daher festzuhalten, daß eine Untersagung nach § 25 Abs. 1 erst ausgesprochen werden kann, wenn bezüglich der Anordnung

---

16 s. vorstehend II, 3.

17 So *Jarass*, § 25 Rn. 4; *Schmatz / Nöthlichs*, § 25 Anm. 1.

18 Vgl. § 6 VwVfG; Art. 19 BayVwZVG; § 55 VwVG NW.

19 *Fröhler / Kormann*, GewO, § 35 Rn. 111.

von § 80 Abs. 2 Nr. 4 VwGO Gebrauch gemacht worden ist und darauf die Anordnung nicht erfüllt wird.

2. *Inhalt der Untersagung* ist der Ausspruch des Verbots, die Anlage weiter zu betreiben. Es ist zeitlich bis zur Erfüllung der Anordnung zu begrenzen. Schließungen oder ähnliche Maßnahmen können nur nach den Vollstreckungsgesetzen der Länder erfolgen.

3. Die Untersagung i. S. von § 25 Abs. 1 ist nach ihrer *Rechtsnatur* eine *Vollstreckungsmaßnahme*[20]. Damit ist aber lediglich eine Umschreibung ihres Verhältnisses zu § 24 gegeben. Rechtlich ergibt sich die Verknüpfung der beiden Vorschriften abschließend aus dem in § 25 Abs. 1 enthaltenen Tatbestandsmerkmal „vollziehbare Anordnung nach § 24 Satz 1", das in § 25 Abs. 1 enthalten ist. Eine Verweisung auf die Vollstreckungsgesetze ist damit nicht gewollt. Die Untersagung stellt vielmehr eine selbständige Alternative zum allgemeinen Vollstreckungsrecht dar[21]. Die Untersagung ist daher nicht das einzige Zwangsmittel zur Durchsetzung der Anordnungen[22]. Schließlich hindert das Verhältnis Untersagung — Anordnung nicht, daß die Untersagung ihrerseits durch Verwaltungszwang durchgesetzt werden kann[23].

Die Bezeichnung der Untersagung als Zwangsmittel ist daher rechtlich im Grunde entbehrlich[24].

IV. Die Betriebsuntersagung nach § 25 Abs. 2

1. § 25 Abs. 2 läßt eine *unmittelbare Untersagung bei Gefahren für Leben und Gesundheit von Menschen oder bedeutende Sachwerte* zu. Die Behörde soll in diesem Fall nicht gehalten sein, erst den Erfolg von Anordnungen abzuwarten.

2. Als Ursache sind *schädliche Umwelteinwirkungen* genannt. Im Rahmen der beschränkten Gesetzgebungskompetenz des Bundes kann es sich auch hier nur um Luftverunreinigungen und Lärm handeln[25].

---

20 *Feldhaus*, § 25 Anm. 3.

21 *Jarass*, § 24 Rn. 10.

22 *Feldhaus*, § 25 Anm. 3.

23 *Jarass*, § 24 Rn. 13.

24 Die Betriebsuntersagung nach § 25 Abs. 1 fällt auch *nicht* unter die Ermächtigung des § 187 Abs. 3 VwGO, nach der die Länder für Maßnahmen in der Verwaltungsvollstreckung den Suspensionseffekt beseitigen können. § 25 Abs. 1 sichert die Durchsetzung der Anordnung nach § 24 Satz 1 durch ein vorläufiges „Mehr" an Immissionsschutz und enthält insoweit eine über § 24 Satz 1 hinausgehende Entscheidung. Nach der ratio des § 187 Abs. 3 VwGO soll der Suspensiveffekt nur dann entfallen können, wenn die Vollstreckungsmaßnahme inhaltlich keine weiteren Rechtsnachteile für den Betroffenen enthalten kann (*Kopp*, VwGO, § 187 Rn. 8).

25 Anders die h. M. bei *wirtschaftlichen* Anlagen (s. o. § 1 I).

3. Die schädlichen *Umwelteinwirkungen* müssen *von der Anlage hervorgerufen* sein. Da die Untersagung nach § 25 Abs. 2 schlechthin die „ultima ratio" des Instrumentariums darstellt, kann nur ein konkreter Kausalzusammenhang ausreichen[26].

4. Eine *Entschädigungspflicht* besteht *nicht*. § 51 GewO ist ausdrücklich *nicht* anwendbar[27] (§ 51 Abs. 1 S. 3 GewO).

V. Der Ermessensspielraum der Behörde

1. Nach der Formulierung des § 24 Satz 1 stellt sich die Frage nach dem *Umfang* des Ermessens, insbesondere nach dem Vorliegen von *„Entschließungs"- oder „Auswahl"-Ermessen.*

Der *Wortlaut* der §§ 24, 25 läßt zunächst folgende Deutung zu:

— Nach § 24 Satz 1 steht der Behörde offenbar sowohl ein Entschließungs- („kann") als auch ein Auswahlermessen („erforderliche Maßnahmen") zu.

— § 25 Abs. 1 enthält ebenfalls ein Entschließungsermessen („kann"); das Auswahlermessen der Behörde ergibt sich daraus, daß ihr noch andere Durchsetzungsmöglichkeiten offenstehen[28].

— § 25 Abs. 2 enthält schließlich ein eingeschränktes Entschließungs- („soll"), damit aber auch ein eingeschränktes Auswahlermessen (Untersagung).

In dieser Darstellung ist aber noch nicht berücksichtigt, daß das Ermessen nur entsprechend dem Zweck der Ermächtigung ausgeübt werden darf (§ 40 VwVfG). Daran schließt sich die Frage an, welche Gesichtspunkte im Rahmen des Entschließungsermessens noch eine Rolle spielen können.

Sofern diese Gesichtspunkte bereits vollständig im *Tatbestand* der Ermessensnorm in Form von *Rechts*begriffen gefaßt sind, läge in Wahr-

---

[26] *Jarass*, § 25 Rn. 9.

[27] Eine *enteignende* Wirkung i. S. von Art. 14 Abs. 3 GG (mit der Folge eines Verstoßes gegen die Junktimklausel) ist weder bei Anordnungen noch bei Untersagungen denkbar. Denn diese Vorschriften dienen der Verwirklichung der Betreiberpflichten, also der „Verlautbarung" von Inhalts- und Schrankenbestimmungen (s. o. § 3 II 3 e Fn. 66 m. w. N.) und teilen deren eigentumsrechtliche Einordnung (BVerfGE 58, 300/337 ausdrücklich zur „Verlautbarung"). Die a. A. von *Schenke* zu § 25 Abs. 2 (DVBl. 1976, 740/751) ist eigentumsdogmatisch durch die Rspr. des BVerfG überholt; sie weist darüber hinaus die rechtspolitische Schwäche auf, daß die Junktimklausel schwerlich zum Schutz vor einem behördlichen Sinneswandel (z. B. nach Zusicherung, nicht einzuschreiten) dienen kann.

[28] s. o. III 3.

heit gar kein Ermessen mehr vor[29]. Die Pflicht zum Einschreiten ergäbe sich dann unmittelbar aus dem Verstoß gegen die Pflichtennormen.

2. Bei näherer Betrachtung zeigt sich, daß *nach § 24 Satz 1 kein Ermessensspielraum gegeben ist*, soweit es um das *„Ob" des Einschreitens* geht. Der Tatbestand der Ermessensermächtigung lautet: „... zur Durchführung des § 22 und der auf dieses Gesetz gestützten Rechtsverordnungen ...". Er enthält somit eine Verweisung auf die Pflichten aus den §§ 22 und 23. Eine Ermessensbetätigung der Behörde kann damit erst einsetzen, wenn folgende Verstöße vorliegen oder drohen[30]:

— Schädliche Umwelteinwirkungen, die nach dem Stand der Technik vermeidbar sind, werden nicht verhindert,

— schädliche Umwelteinwirkungen, die nach dem Stand der Technik nicht vermeidbar sind, werden nicht auf das zumutbare Mindestmaß reduziert,

— die Anforderungen einer Verordnung nach § 23, insbesondere Emissionsgrenzen, werden nicht eingehalten.

Sind diese Tatbestände (wahlweise) erfüllt, so soll die Behörde nach ganz überwiegender Meinung gleichwohl noch nach Ermessen entscheiden, *ob* ein Einschreiten geboten ist. Ausgehend vom Zweck des Gesetzes, schädliche Umwelteinwirkungen zu verhindern, muß allerdings gefragt werden, ob das Gebot zum Einschreiten sich bei Vorliegen (oder Drohen) der genannten Verstöße nicht aufdrängt. Dem wird insofern Rechnung getragen, als man die entsprechende Anwendung von § 17 Abs. 1 Satz 2 befürwortet[31]; die Behörde „soll" demnach einschreiten, wenn „die Allgemeinheit oder die Nachbarschaft nicht ausreichend vor schädlichen Umwelteinwirkungen ... geschützt ist" (§ 17 Abs. 1 Satz 2).

Darüber hinausgehend liegt aber bei konsequenter Beachtung der Ermessensgrundsätze *stets* ein *Gebot* zum Einschreiten vor, denn der Raum der Ermessensbetätigung ist von den (vorgeschalteten) Rechtsbegriffen vollständig aufgebraucht: Als immissionsschutzrechtliche Gesichtspunkte für ein Nichteinschreiten kommen nur in Betracht die Rechtmäßigkeit der Immission, ihre Unschädlichkeit oder ihre Geringfügigkeit.

Hinsichtlich der *Rechtmäßigkeit* enthalten die §§ 22, 23 i. V. m. VOen eine abschließende Entscheidung. Die *Schädlichkeitsschwelle* bestimmen

---

29 Vgl. *Obermayer*, Grundzüge, S. 63; *ders.*, VwVfG, § 40 Rn. 43; allerdings vom Standpunkt der Lehre vom Tatbestandsermessen.

30 *Jarass*, § 22 Rn. 4: auch der bevorstehende Verstoß kann ein Einschreiten rechtfertigen.

31 *Feldhaus*, § 24 Anm. 4; *Jarass*, § 24 Fn. 9.

die unbestimmten Rechts-(!)Begriffe des § 3 Abs. 1. Die *Geringfügigkeit* von Immissionen ist nach § 22 Abs. 1 Satz 1 Nr. 2 im Rahmen des „Mindestmaßes" durch umfassenden (!) nachbarlichen Interessenausgleich zu würdigen.

Für ein Ermessen ist insofern kein Raum. Damit verbleiben zur Betätigung behördlichen Ermessens hinsichtlich des „Ob" der Anordnung nur solche Gesichtspunkte, die außerhalb des Immissionsschutzes liegen, ihm unter Umständen entgegenlaufen. Hierzu werden „sämtliche kollidierenden Interessen" angeboten, ausdrücklich auch solche, die nicht in § 1 BImSchG genannt sind. Im Rahmen dieser Globalabwägung sollen insbesondere Fragen der Arbeitsplatzsicherheit eine Rolle spielen[32].

Diese Auffassung ist jedoch nicht mit § 40 VwVfG in Übereinstimmung zu bringen.

Zweck *der Ermächtigung* (d. h. des § 24 Abs. 1) sind nach systematischer Auslegung (§§ 1, 22, 23) nur solche des Immissionsschutzes. Auch aus der „vom Gesetzgeber gewollten Ordnung der Rechtsmaterie"[33] können keine weiteren Zwecke hergeleitet werden. „Rechtsmaterie" ist das BImSchG. Die der Gesamtrechtsordnung möglicherweise immanenten Zwecke wie Arbeitsplatzsicherheit, wirtschaftliche Interessen des Betreibers etc. sind dann nicht mehr „ermessensfähig", wenn die spezielle Ermächtigungsnorm, auf die es allein ankommt[34], sie nicht aufnimmt. Die Berücksichtigung gesetzes- und damit ressort*fremder*[35] Zwecke begründet vielmehr einen Ermessensfehler. Soweit wirtschaftliche Gesichtspunkte ausnahmsweise in die Regelung des § 22 eingeflossen sind[36], geht es gerade um die verbindliche *gesetzliche* Abwägung mit den Belangen des Immissionsschutzes. Insofern sind diese Gesichtspunkte wiederum verbraucht, weil bereits in Rechtsbegriffe gebunden.

Wegen fehlender berücksichtigungsfähiger Ermessensgesichtspunkte ist daher die Entscheidung über das „Ob" bei § 24 Satz 1 *nur* anhand des Gesetzes zu treffen und gerichtlich voll nachprüfbar. Sie muß bei jedem Verstoß gegen die Pflichtennormen positiv ausfallen[37]. Hingegen wird das Auswahlermessen in § 24 (und § 25) nicht durch die *Rechts*ent-

---

[32] *Jarass*, § 24 Rn. 9, auf § 17 Rn. 33 verweisend.

[33] BVerwGE 51, 166.

[34] Vgl. *Meyer / Borgs*, VwVfG § 40 Rn. 26. Zur Verfassungswidrigkeit der Verknüpfung von Umweltschutzgesetz und Arbeitsplatzsicherheit BVerfGE 58, 300/348.

[35] *Obermayer*, VwVfG, § 40 Rn. 72.

[36] s. o. § 3 II.

[37] Zu den amtshaftungsrechtlichen Konsequenzen vgl. (allerdings aufgrund anderer Prämissen) *Leisner*, Waldsterben, 26 f. und 46 f., für den Fall, daß *etwas* geschehen *mußte*.

scheidung bereits verbraucht, denn §§ 3, 22 und 23 enthalten keine Entscheidung über das „Wie" der Maßnahmen.

VI. Die Behandlung streitiger Sachverhalte

Die immissionsschutzrechtliche Beurteilung n. g. Anlagen ist in der Praxis häufig weniger von Rechtsproblemen gekennzeichnet als von Sachfragen. Auslösendes Moment ist typischerweise der (der Größenordnung der meisten Anlagen entsprechende) Nachbarschaftskonflikt, der der Behörde in Form von Beschwerden („Eingaben", Anzeigen) zur Kenntnis gelangt. Häufig liegen unvollständige, subjektive oder widersprüchliche „Berichte" von Anwohnern vor, die von querulatorischen Eingaben nicht von vornherein zu unterscheiden sind.

1. *Ausgangspunkt* der behördlichen Überlegungen muß die *Pflicht zum Einschreiten aus § 24 BImSchG i. V. m. dem Offizialprinzip* und dem *Amtsermittlungsgrundsatz der §§ 22, 24 Abs. 1 Satz 1 VwVfG* sein.

Die Behörde hat also bei begründetem Verdacht eines Verstoßes gegen die für n. g. Anlagen geltenden Pflichtennormen den Sachverhalt zu ermitteln und gegebenenfalls einzuschreiten. Allein der *Umfang* der Ermittlungen steht dabei im Ermessen der Behörde[38]; die Behörde hat alle zur Verfügung stehenden Beweismittel in Betracht zu ziehen.

2. Der Erlaß von Anordnungen nach § 24 ist durch *Anordnung der Eigen- bzw. Fremdmessung gemäß §§ 26 und 52* vorzubereiten. Sofern sich der Verdacht ergibt, daß der Betreiber in Zeiten der Messung den Umfang der Immissionen gezielt reduziert, ist die Messung ohne Ankündigung vorzunehmen. Soweit bei Anordnung der Messung nach § 52 Abs. 2 in Rechte des Betreibers eingegriffen werden muß[39], ist im ausgesprochenen Verdachtsfall von der nach § 28 Abs. 1 VwVfG grundsätzlich gebotenen vorherigen Anhörung des Betreibers abzusehen. Die Anhörung ist in *dieser* Situation nicht geboten, weil eine sofortige Entscheidung im öffentlichen Interesse notwendig erscheint (§ 28 Abs. 2 Nr. 1 VwVfG), insofern der Zweck der überraschenden Messung ansonsten vereitelt würde[40].

3. Bleibt der Sachverhalt trotz ausreichender Ermittlung streitig, so sind *Anordnungen* nach § 24 *„auf Verdacht"* zu treffen, sofern bereits der Verdacht der schädlichen Umwelteinwirkungen ein Einschreiten er-

---

[38] *Kopp*, VwVfG, § 24 Rn. 6.

[39] Insbesondere in das Grundrecht aus Art. 13 GG; vgl. § 52 Abs. 2 Satz 2.

[40] Vgl. *Kopp, VwVfG*, § 28 Rn. 41.

fordert. Dies ist anzunehmen, wenn der Verdacht der Gefahr in Form tatsächlich vorhandener *Belästigungen* oder Nachteile gegeben ist.

4. Schließlich ist die Möglichkeit des *öffentlich-rechtlichen Vergleichsvertrages* (wegen bestehender sachlicher Ungewißheit) nach § 55 VwVfG zu erwägen. Der Abschluß steht im Ermessen der Behörde (§ 54); trotz des Vorrangs der Amtsermittlung[41] ist dieses nicht fehlerhaft ausgeübt, wenn die Behörde aufgrund sachverständiger Würdigung zu dem Schluß kommt, daß eine befriedigende Aufklärung der Sachlage nicht ohne erhebliche Schwierigkeiten möglich sein würde. Erhebliche Schwierigkeiten liegen z. B. vor, wenn Kleinanlagen über längere Zeiträume von Bediensteten der Behörde ständig überwacht werden müßten. Die Rechtswirksamkeit eines solchen örV setzt i. d. R. die Zustimmung der beschwerten Nachbarn nach § 58 VwVfG voraus. Das faktische Zustandekommen eines örV ist allerdings ungewiß, wenn der Anlagenbetreiber behördliche Maßnahmen gerade wegen der bestehenden Unsicherheit nicht zu fürchten braucht. In dieser Lage wird die Annahme eines Vertragsangebots durch ihn noch schwerer zu erreichen sein als eine Aufklärung des Sachverhalts[42].

Reale Durchsetzungschancen bestehen — auch bei gegenseitigem Nachgeben — für die Behörde daher nur dann, wenn sie den Vergleichsvertrag mit einem *Austauschvertrag* i. S. von § 56 VwVfG verbinden kann. Die Möglichkeit hierzu besteht vor allem darin, dem potentiellen Betreiber die Erteilung einer Baugenehmigung in Aussicht zu stellen. Die Erteilung dieser Genehmigung kann von bestimmten immissionsschutzrechtlichen Anforderungen abhängig gemacht werden[43]. Neben der Erteilung der Baugenehmigung unter Auflagen kommt dem örV hier selbständige Bedeutung insofern zu, als die Auflage eben nur aufgrund eines feststehenden Sachverhalts haltbar ist, der örV hingegen Unsicherheiten berücksichtigen kann. Der Vergleich kann auch durch die Bereinigung von Zweifelsfällen die Erteilung der Baugenehmigung erst ermöglichen.

---

[41] s. o. 1; vgl. *Kopp*, VwVfG, § 55 Rn. 9.

[42] Vgl. *Berg*, Die verwaltungsrechtliche Entscheidung bei ungewissem Sachverhalt, 297.

[43] Bsp.: Die heranrückende Wohnbebauung wird aus störungspräventiven Gründen nur zugelassen, weil die Bauherren sich vertraglich verpflichten, in Richtung auf eine bestehende Kfz-Werkstatt fensterlos zu bauen (Bsp. von *Gehrmann*, GewArch. 1977, 353/357). Das Beispiel ließe sich fortentwickeln. Es ist in der umgekehrten Situation etwa denkbar, den Kfz-Betrieb nur zu genehmigen, weil der Betreiber sich verpflichtet, die Kosten für den Einbau von Schallschutzfenstern bei bestehenden Wohngebäuden zu übernehmen.

§ 6. Rechte des Nachbarn

I. §§ 22 ff. als Ausformung subjektiv-öffentlicher Rechte

§§ 22 und 23 schützen vor schädlichen Umwelteinwirkungen; dies sind gemäß § 3 Abs. 1 Immissionen, die auf die Allgemeinheit *oder auf die Nachbarschaft* einwirken. §§ 22 ff. schützen daher grundsätzlich *auch* den Nachbarn der n. g. Anlage[1]. Dies gilt bei § 22 jedoch nur für den — weitaus wichtigeren — immissionsschutzrechtlichen Teil; aus der Pflicht, die ordnungsgemäße Beseitigung von Abfällen zu ermöglichen (§ 22 Abs. 1 *Nr. 3*) können keine Nachbarrechte hergeleitet werden[2]. Hier geht es um eine Pflicht zur Kooperation mit den abfallbeseitigungspflichtigen Körperschaften des öffentlichen Rechts[3] und also um öffentliche Interessen. Soweit nicht beseitigte Abfälle selbst zu Immissionen führen, greifen Nr. 1 und Nr. 2 (auch nachbarschützend) ein[4].

Aus *§ 23 Abs. 1* wird eine *Verpflichtung zum Normerlaß* nur selten hergeleitet werden können; nur eine evidente Schutzpflichtverletzung des Verordnunggebers kann der Normerlaßklage zum Erfolg verhelfen. Grundsätzlich ist der Anspruch auf Normerlaß jedoch nicht ausgeschlossen[5].

Auch *im Rahmen von Rechtsverordnungen* kommt Drittschutz grundsätzlich in Betracht, wie der Wortlaut des § 23 Abs. 1 ausweist. Die konkrete Verwirklichung des Nachbarschutzes in der Verordnung muß jedoch an den einzelnen Vorschriften festgestellt werden.

Soweit ausdrücklich *Immissionen* geregelt werden, ist (wegen des damit gegebenen Schutzes vor Einwirkungen) Nachbarschutz anzunehmen[6]. *Emissionswerte* wirken dagegen vorbeugend, d. h. gerade im

---

1 Allgemeine Meinung: BVerwGE 68, 62 ff.; OVG Lüneburg, GewArch. 1979, 345; *Feldhaus*, § 22 Anm. 10; *Jarass*, § 22 Anm. 11; *Kutscheidt*, NVwZ 1983, 65/72.

2 *Schmatz / Nöthlichs*, § 22 Anm. 8.

3 Vgl. § 3 Abs. 1, 2 AbfG.

4 Insoweit der Betreiber nach Abfallbeseitigungsrecht nicht selbst zur Beseitigung verpflichtet ist und die Beseitigung ermöglicht hat, wird man *diese* Immissionen nicht der Anlage zurechnen können. Hier ist die alleinige Verantwortlichkeit der abfallbeseitigungspflichtigen Körperschaft gegeben.

5 Vgl. BVerfG, BayVBl. 1984, 14/15.

6 Z. B. § 3 — 8. BImSchV —.

„Vorfeld" der Rechtsverletzung zum Nachteil Dritter. Sie dienen also nicht unmittelbar deren Schutz. Indirekt bestätigt wird diese Annahme durch zwei typische Klauseln der Verordnungen. Einmal lassen sie weitergehende Anforderungen nach dem BImSchG unberührt[7]; der Nachbarschutz des § 22 wird also nicht geschmälert. Zum anderen sind Ausnahmen von den Emissionswerten nur zulässig, soweit schädliche Umwelteinwirkungen nicht zu befürchten sind[8]. Auch hierin kommt zum Ausdruck, daß die Emissionswerte vom Nachbarschutz zu trennen sind.

Soweit mit den Maßnahmen nach § 24 Satz 1 drittschützende Pflichtennormen, also vorrangig § 22 Abs. 1 Satz 1 Nrn. 1 und 2, vollzogen werden, wird allgemein ein Anspruch auf fehlerfreie Ermessensausübung bejaht[9].

Hierzu ist jedoch folgende Einschränkung zu machen: Da ein *Entschließungsermessen* der Behörde im Fall eines Verstoßes gegen die Pflichtennormen gar *nicht vorliegt*[10], besteht (konsequent) bei Verstößen gegen nachbarschützende Pflichtennormen ein *Rechtsanspruch auf Einschreiten*. Der Anspruch (nur) auf fehlerfreies Ermessen ist lediglich im Hinblick auf die Auswahl des richtigen Mittels gegeben.

Der Anspruch auf Einschreiten besteht auch bei den drittschützenden Verordnungsregelungen[11].

Hingegen begründet § 25 nur einen Anspruch auf fehlerfreies Ermessen (eingeschränkt in Abs. 2). Da aber *ein bestimmtes* Mittel genannt und der Anspruch auf Einschreiten überhaupt schon nach § 24 Satz 1 begründet ist, liegt hier im Ergebnis auch nur ein Auswahlermessen vor.

II. Der Sonderfall der direkten öffentlich-rechtlichen Immissionsabwehrklage gegen hoheitlich betriebene Anlagen

1. Über die *immissionsschutzrechtliche Bedeutung der hoheitlich betriebenen Anlagen*[12] kann kein Zweifel bestehen:

---

[7] § 7 — 1. BImSchV —, § 5 — 2. BImSchV —, § 5 — 7. BImSchV —.

[8] § 8 — 1. BImSchV —, § 6 — 8. BImSchV —.

[9] OVG Lüneburg, GewArch. 1979, 345; *Feldhaus*, § 24 Anm. 5; *Jarass*, § 24 Rn. 11; *Kutscheidt*, NVwZ 1983, 65/72.

[10] s. o. § 5 V 2.

[11] Vgl. vorstehend; also i. d. R. nicht bei Verstößen nur gegen Emissionsgrenzen. Soweit nach § 23 Abs. 1 *Nr. 3* Messungen angeordnet werden können, ist der drittschützende Charakter nicht ohne weiteres zu verneinen; dienen doch auch diese Messungen nach § 23 des „Schutz der Nachbarschaft und der Allgemeinheit". Gerade im Hinblick auf die Beweisnot des Nachbarn bei ungewissem Sachverhalt (vgl. o. § 5 VII) ist die immissionsschutzrechtliche „Stufenklage" häufig sein einziges Mittel (vgl. *Jarass*, § 26 Rn. 3).

Zum einen existieren zahlreiche n. g. (meist ortsfeste) Einrichtungen i. S. v. § 3 Abs. 5, die zur Erfüllung öffentlicher Zwecke in öffentlichrechtlicher Form betrieben werden und deren Betrieb mit Emissionen und Immissionen verbunden ist[13].

Zum anderen werfen diese Anlagen rechtlich besondere Probleme auf: Zwar sind auch die Betreiber dieser Anlagen grundsätzlich selbst Adressaten der immissionsschutzrechtlichen Pflichtennormen. Gleichwohl sollen diese Anlagen nach einer fest verwurzelten Ansicht immissionsschutzrechtlich privilegiert sein. Sie sollen von der Beachtung des Immissionsschutzes ganz oder teilweise befreit sein[14].

Wurde dies zu Zeiten des Reichsgerichts mit dem fehlenden Zivilrechtsweg begründet[15], so sah man sich nach Einführung der verwaltungsgerichtlichen Generalklausel genötigt, die Begründung materiell anzureichern.

Diese Bemühungen kreisen noch heute um § 906 BGB und das Baunachbarrecht. Innerhalb dieser Überlegungen scheint für eine Rezeption der unmittelbar einschlägigen §§ 22 ff. BImSchG kein Raum, so daß sie häufig gar keine Erwähnung finden[16] oder allenfalls im obiter dictum gestreift werden[17]. Wie zu zeigen sein wird, führt diese Rechtsprechung (wohl unbewußt) zu einer Mißachtung des Vorrangs des Gesetzes. Ihr ist mit dem Bundesverwaltungsgericht[18] die klare und eindeutige Regelung der §§ 22 ff. entgegenzuhalten, an die sich auch hoheitliche Betreiber zu halten haben[19].

2. Maßgeblich ist die *unbeschränkte Geltung der §§ 22 ff. BImSchG für hoheitliche Anlagen.*

---

[12] Anlagen, die zwar „gemeinwichtig" sind, aber in *privatrechtlicher* Form betrieben werden, können nach allgemeiner Meinung *direkt* nur nach §§ 906 ff. BGB angegriffen werden; vgl. *Bender*, Staatshaftungsrecht, 55; *Bettermann*, DVBl. 1984, 473 f.

[13] Z. B. *Bauhöfe* (vgl. OVG Münster, OVGE 36, 239 ff.), *Busunternehmen* (vgl. OVG Münster, ES *Feldhaus*, § 22 - 2; dort allerdings privat). *Kinderspielplätze* (s. o. § 2, IV, 1 c), *Kirchenglocken* (BVerwGE 65, 62 ff.), *Kläranlagen* (vgl. BGH, DVBl. 1984, 624 ff.).

[14] Zur Reichweise der „Privilegierung" vgl. *Leisner*, NJW 1975, 233/235.

[15] RGZ 170, 40/42 ff.

[16] So bei OVG Münster, U. v. 21. 4. *1983*, OVGE 36, 239 ff.

[17] BGH, U. v. 29. 3. *1984*, DVBl. 1984, 624/625, allerdings nur auf § 14 BImSchG eingehend.

[18] BVerwGE 65, 62 ff.

[19] Vom hier erörterten Problem der materiellen Geltung der §§ 22 ff. zu unterscheiden ist die Frage, ob die Immissionsschutzbehörde aufgrund §§ 24, 25 gegen andere Behörden, vor allem Behörden anderer Hoheitsträger, einschreiten kann (zur Trennung dieser Fragen BVerwGE 29, 52/57 und *Friauf*, in: BesVerwR, 232/233). Diese Kompetenz besteht nur, solange dadurch die Erfüllung hoheitlicher Aufgaben nicht gefährdet wird (*Jarass*, § 2 Rn. 9; *Kutscheidt*, in: LR, III, § 2 Rn. 3).

Diese Feststellung ist im Grunde aus der schlichten Lektüre der §§ 2, 3 Abs. 5 und 22 ff. BImSchG zu gewinnen. Diese Vorschriften enthalten Einschränkungen für bestimmte Anlagengruppen (Flugplätze, nukleare Anlagen, Kraftfahrzeuge, nicht wirtschaftliche Anlagen), nicht aber für hoheitliche Anlagen.

Dieses Ergebnis wird wesentlich erhärtet durch den Umkehrschluß aus §§ 59 und 60 BImSchG. Stünden nämlich die Pflichten des BImSchG unter einem *allgemeinen Vorbehalt* vorrangiger *öffentlicher Interessen*, so wären die in §§ 59, 60 enthaltenen Privilegierungen gerade der *Landesverteidigung* überflüssig[20]. Diese Anschauung lag auch der Entstehung der §§ 59, 60 zugrunde. Die Gesetzgebungsorgane gingen eindeutig vom Ausnahmecharakter der §§ 59, 60 aus. Darüber hinaus sollten öffentliche und private Anlagen gleichgestellt sein[21]. Auf eine ausdrückliche Klarstellung dieser Rechtslage wurde nur deshalb verzichtet, weil dies eben allen Beteiligten (zu Recht) klar erschien[22].

Es ist somit festzuhalten: §§ 22 ff. gelten unmittelbar für hoheitliche Anlagen. Soweit sie nachbarschützend sind[23], schützen sie den Nachbarn eben *auch* vor hoheitlich verursachten Immissionen.

3. Hieraus folgt ein *Immissionsabwehranspruch des Nachbarn gegen den hoheitlichen Betreiber* selbst.

Anders als der private Anlagenbetreiber ist der hoheitliche Betreiber an die Pflichtennormen nicht nur der Anordnungsbehörde gegenüber gebunden. Vielmehr hat er kraft des *Vorrangs des Gesetzes* auch bei Realhandlungen[24] sämtliche Normen des öffentlichen Rechts selbst zu beachten, ist selbst Verpflichteter. Verbietet ferner das Gesetz die Verursachung bestimmter Einwirkungen und kann sich schließlich ein Dritter hierauf berufen, so sind damit die konstitutiven Elemente eines Anspruchsverhältnisses gegeben:

— Die Pflicht eines bestimmten Tuns bzw. Unterlassens[25],

— ein *Verpflichteter* sowie

— ein *Berechtigter*.

---

[20] Vgl. *Jarass*, § 2 Rn. 9.

[21] Bundesrat, BT-Dr. 7/179, 58.

[22] Vgl. Bundesregierung, BT-Dr. 7/179, 63; so eindeutig auch die Begründung des Entwurfs, BT-Dr. 7/179, 29, sowie die Begründung zur Einführung von Art. 74 Nr. 24 GG, BT-Dr. VI/1298, 5.

[23] s. vorstehend I.

[24] *Herzog*, in: M-D-H-S, GG, Art. 20, S. 221; die explizite „Erstreckung" des Vorrangs auf Realhandlungen ist insofern nur deklaratorisch, als eben der Vorrang des Gesetzes schlicht auf das Gesetz verweist; regelt ein Gesetz, wie das BImSchG, Realhandlungen und faktische Auswirkungen, so gewinnt der Vorrang für den Hoheitsträger eben diesen Inhalt.

[25] Vgl. § 192 BGB.

Völlig zu Recht hat das Bundesverwaltungsgericht daher die Immissionsabwehrklage eines Bürgers direkt gegen eine Körperschaft des öffentlichen Rechts für möglich gehalten und auf § 22 BImSchG gestützt[26]. Die Begründetheit dieser Klage wurde allein an § 22 gemessen.

4. Mit dieser Lösung werden *herkömmliche Begründungsversuche obsolet.*

a) Insbesondere ist *§ 906 BGB gegenüber hoheitlich verursachten Immissionen irrelevant.* Da das (für hoheitliche Betreiber maßgebliche) öffentliche Recht insofern keine Lücke enthält, bedarf es einer „analogen Aktivierung"[27] zivilrechtlicher Eigentumsschutzrechte zur Anspruchsbegründung ebensowenig wie zur Herleitung einer „subjektivrechtlichen Stoßrichtung"[28] gegen hoheitlich betriebene Anlagen.

b) Ferner ist eine *Unterscheidung zwischen Abwehranspruch und Folgenbeseitigungsanspruch* (FBA) *geboten.* Macht der Nachbar einen Anspruch auf *künftige Beachtung* der §§ 22 ff. geltend, so hat dies mit Folgenbeseitigung nichts zu tun.

Der FBA ergänzt vielmehr definitionsgemäß den Unterlassungsanspruch, insofern er *rückwirkende* Beseitigung der Folgen eines *früheren* rechtswidrigen Verhaltens verlangt[29]. Unterlassungsanspruch und FBA schließen sich begrifflich aus, da der FBA gerade voraussetzt, daß die staatliche Verpflichtung, gesetzeswidrige Eingriffe zu unterlassen, „nach geschehenem Eingriff unerfüllbar geworden ist"[30]. Deshalb kann allenfalls der FBA als konsequente Fortentwicklung des Unterlassungsanspruchs verstanden werden[31], niemals aber der Unterlassungsanspruch als Unterfall des FBA. Er müßte als „Unterfall" sämtliche Begriffsmerkmale des FBA (mindestens) enthalten; dies ist gerade *nicht* der Fall.

Es besteht daher insoweit Einigkeit, daß die erfolgreiche Immissionsabwehrklage keinen FBA voraussetzt[32]. Der Abwehranspruch wird daher auch keineswegs dadurch zum *FBA*, daß die Unterlassung der Immissionen *faktisch* nur durch Beseitigung oder wesentliche Veränderung einer hoheitlichen Anlage erfolgen kann[33]. Die *Existenz* der An-

---

[26] BVerwGE 65, 62 ff.

[27] So aber OVG Münster, OVGE 36, 239/248.

[28] Ebd.

[29] Vgl. *Ossenbühl*, Staatshaftungsrecht, 198.

[30] *Naumann*, GS W. Jellinek, 391/398.

[31] Vgl. *Ossenbühl*, 196 f.

[32] Vgl. OVG Münster, OVGE 36, 239/242 m. w. N.

[33] So aber OVG Münster, ebd. Diese Umwandlung der Rechtsnatur des Anspruchs ist dem zivilrechtlichen Unterlassungsanspruch völlig fremd; es geht immer nur um Unterlassung (vgl. BGHZ 67, 252/254).

lage müßte dann *Folge* (!) der rechtswidrigen *Immissionen* sein — eine offenbare Unmöglichkeit[34]. Vielmehr enthält die Verpflichtung, Immissionen zu unterlassen, notwendig das Verbot, weitere Ursachen von Immissionen zu setzen. Auch hier geht es um Unterlassung für die *Zukunft* — nicht um Folgenbeseitigung.

Man fragt sich, warum die zitierte Rechtsprechung so intensiv an der Herleitung aus dem FBA festhält. Das Ziel ist offenbar, ungeachtet aller begrifflichen Widersprüche in der Anspruchsbegründung[35] zu den höchst flexibel zu handhabenden *Einschränkungen* des FBA vorzudringen und diese für die Immissionsabwehrklage fruchtbar zu machen. Insbesondere soll die Zumutbarkeit der „Folgenbeseitigung" dem Immissionsabwehranspruch als Begründetheitsvoraussetzung entgegengehalten werden können[36]. Scheitert jedoch schon die Anspruchsbegründung aus dem FBA, so kann für diese Einschränkung nichts anderes gelten: sie ist für den Abwehranspruch irrelevant. Über die Zumutbarkeit von Immissionen hat der Gesetzgeber entschieden. Eine solche Einschränkung wäre gesondert zu begründen. Im Grundsatz bleibt es dabei, daß der Abwehranspruch jederzeit dann durchgreift, wenn die Immissionen gegen nachbarschützende Vorschriften des öffentlichen Rechts verstoßen[37].

5. *Mögliche Einschränkungen des Immissionsabwehranspruchs bei hoheitlichen Anlagen* sind daher zunächst und vorrangig im Tatbestand des § 22 zu suchen. Darüber hinaus ist zu prüfen, ob allgemeine Duldungspflichten gegenüber hoheitlich verursachten Immissionen bestehen.

a) *Tatbestandliche Einschränkungen,* die *auch* zugunsten hoheitlicher Betreiber gelten, enthält § 22 nur in sehr begrenztem Umfang. Im Rahmen des Begriffs der schädlichen Umwelteinwirkungen findet eine Abwägung mit den Interessen des Betreibers *nicht* statt[38].

Allerdings sind hoheitliche Anlagen auch nach h. M. vom *BImSchG* nur hinsichtlich der Luftverunreinigungen und des Lärms erfaßt, sofern sie nicht wirtschaftliche Anlagen darstellen[39].

---

[34] Daher wohl auch zweifelnd *Ossenbühl*, 89: „... ein Störungsabwehranspruch, der sich als Anwendungsfall des allgemeinen (Folgen-)Beseitigungsanspruchs darstellt"; zutr. *Bender*, Rn. 139, der der Abwehranspruch insgesamt vom FBA trennt.

[35] Die letztlich auf der Nichtanwendung des § 22 beruhen.

[36] OVG Münster, OVGE 36, 239/242.

[37] Was auch das OVG Münster anerkennt (ebd.).

[38] s. o. § 3 II 2.

[39] Vgl. § 22 Abs. 1 Satz 2; nach hier vertretener Auffassung gilt diese Beschränkung für *alle* n. g. Anlagen (vgl. o. § 1). Nach *jeder* Meinung unrichtig: OVG Münster, ZMR 1980, 219 f., wo *Licht*immissionen aus hoheitlichen An-

Die Zumutbarkeit für den Betreiber spielt nur beim Begriff des „Mindestmaßes“ (§ 22 Abs. 1 Satz 1 Nr. 2) eine Rolle[40]. Auch hiernach gilt jedoch keineswegs die hoheitliche Anlage stets dann als vom Immissionsschutz dispensiert, wenn die Beachtung des BImSchG zur Einstellung oder wesentlichen Veränderung der Anlage führen würde. Vielmehr sind die hoheitlichen Interessen mit denen des Nachbarn abzuwägen.

Dieser Abwägung *unzugänglich* ist aber der *Stand der Technik*[41], der die weitaus meisten Störungen aus hoheitlichen Anlagen verbieten wird. § 22 enthält somit keine Beschränkung, die einem generellen Dispens für hoheitliche Anlagen gleichkäme.

b) Es kann schließlich auch *keine Duldungspflicht aus allgemeinen Rechtsgrundsätzen* angenommen werden.

aa) Wie bereits dargestellt, ist das *Kriterium der Zumutbarkeit der Folgenbeseitigung nicht einschlägig.*

bb) Auch eine *Duldungspflicht kraft Gewohnheitsrechts* gegenüber hoheitlichen Anlagen ist *nicht mehr haltbar*[42].

Sie scheitert schon daran, daß nach Art. 14 Abs. 1 Satz 2 GG der *Gesetzgeber* zur Bestimmung von Inhalt und Schranken des Eigentums, *auch* des Nachbarrechts, aufgerufen ist. Hat der Gesetzgeber, wie in §§ 22 ff. für n. g. Anlagen, eine solche Bestimmung getroffen, so können gewohnheitsrechtliche Beschränkungen schon aus Gründen der Rechtssicherheit keine Wirkung mehr entfalten[43]. Vielmehr entfällt jede Duldungspflicht, wenn und insoweit der Betrieb einer hoheitlichen Anlage dem öffentlichen Recht widerspricht[44].

cc) Für hoheitliche Immissionen findet ferner *keine Rechtfertigung aus einem „abgestuften Vorbehalt des Gesetzes“* statt.

Es wurde behauptet, daß die genannten Immissionen als faktische Grundrechtsbeeinträchtigungen zwar grundsätzlich dem Vorbehalt des Gesetzes unterlägen, jedoch nur in der Weise, daß der *Betrieb* der hoheitlichen Anlage „gesetzlich oder überhaupt rechtssatzmäßig geregelt“ sein müsse. Darüber hinaus seien die Immissionen aus praktischen Gründen (Vorhersehbarkeit) nicht bis ins Detail regelbar. Das Vorbehaltsprinzip sei deshalb zu modifizieren[45].

---

lagen nach *BImSchG* behandelt werden. Hiergegen zutr. *Jarass,* vor § 22 Rn. 6.

[40] s. o. § 3 II 4.

[41] s. o. § 3 II 3.

[42] *Ossenbühl,* 90; *Papier,* NJW 1974, 1797 f.; *Martens,* FS Schack, 85/91.

[43] Vgl. *Papier,* NJW 1974, 1797/1800.

[44] *Bender,* Rn. 139.

[45] *Papier,* NJW 1974, 1797/1798 f.

Diese Argumentation besticht durch ihre scheinbare rechtsstaatliche Fundierung. Sie ist aber bereits im Ansatz zu kritisieren:

Solange eine öffentlich-rechtliche Regelung des Immissionsschutzes überhaupt fehlte, mochte es angebracht gewesen sein, im Hinblick auf faktische Grundrechtsbeeinträchtigungen der hier untersuchten Art *auch* Zweifel wegen des Vorbehaltsprinzips zu haben. Diese erledigten sich aber, sobald das BImSchG (auch) hoheitliche Immissionen ausdrücklich *verbot*. Damit wurde das Vorbehaltsproblem zum Scheinproblem, weil es vom *Vorrang des Gesetzes*[46] überholt wurde. Der *Vorrang des Gesetzes* ist aber nicht auf gezielte Eingriffe beschränkt, sondern gilt auch für Gesetze, die Realakte (wie Immissionen) regeln[47].

Die vorstehend dargestellten vermeintlichen Beschränkungen des Vorbehaltsprinzips können nun aber nicht auf das Vorrangprinzip übertragen werden, etwa dergestalt, daß die rechtssatzmäßig geduldete Existenz jeder hoheitlichen Anlage gleichzeitig stillschweigend deren Dispens vom BImSchG enthält (weil dieser Dispens gewollt, jedoch nicht „regelbar" ist). Die fehlende Regelbarkeit mag allenfalls insoweit vorliegen, als nicht jede Immission im einzelnen vorhersehbar ist. Insofern steht aber das Instrument der generellen Regelung zur Verfügung. Daß eine solche Regelung möglich ist, beweist das BImSchG; es beweist ebenso, daß Ausnahmeregelungen formulierbar sind (vgl. § 2 Abs. 2 BImSchG).

Schließlich ist zu beachten, daß es der Formulierung einer Rechtsregel unter Aufzählung der vielfältigen Immissionen gar nicht bedarf, soweit es um die Duldung derselben geht. Es hätte der Formulierung eben einer Duldungspflicht bedurft — daß diese möglich ist, beweist ihre jahrzehntelange gewohnheitsrechtliche Formulierung. Ferner schießt die These vom eingeschränkten Vorbehaltsprinzip insofern über das Ziel der praktisch gebotenen Verallgemeinerung hinaus, als sie sich mit der schlichten Erwähnung der Anlage in Rechtssätzen begnügt. Wenn hieraus die Erlaubnis zur Immission abgeleitet und *formuliert* wird, ist die Behauptung der fehlenden Regelbarkeit eine evidente protestatio facto contraria.

Der Gesetzgeber war daher nicht von der Begründung einer Duldungspflicht als wesentlicher Entscheidung befreit. Darüber hinaus hat er die Statuierung einer solchen Duldungspflicht bewußt abgelehnt[48]. Dem ist im Grunde nichts hinzuzufügen.

---

[46] So grundsätzlich auch *Drews / Wacke / Vogel / Martens*, Bd. 2, 174.

[47] *Herzog*, in: M-D-H-S, GG, Art. 20, 221.

[48] s. o. Fn. 22.

dd) Zuletzt ist festzuhalten, daß auch *kein Dispens wegen kollidierender öffentlicher Interessen* gegeben ist.

Das Bundesverwaltungsgericht hat allerdings die materielle Bindung hoheitlicher Tätigkeit an „fachfremde" Gesetze von einer Einzelfallabwägung und den vom Hoheitsträger verfolgten öffentlichen Interessen abhängig gemacht[49]. Es ist jedoch nicht ersichtlich, daß der Vorrang des Gesetzes auf Fachgesetze beschränkt wäre. „Fachfremd" kann ein Gesetz vielmehr im Rechtssinne nur insofern sein, als einem Hoheitsträger die *Vollzugs*kompetenz fehlt; die Pflicht zur *Beachtung* ist gerade *nicht* fachgebunden. Ausdrückliche Dispensvorschriften hat das BVerwG gleichwohl in systematisch bedenklicher Weise als Bestätigungen eines allgemeinen Grundsatzes angesehen, nicht als Ausnahmeregeln[50]. Dem kann für das BImSchG aus systematischen und historischen Gründen nicht mehr gefolgt werden[51].

Schließlich greift für die hier vorliegende nachbarrechtliche Konfliktsituation neben Art. 20 Abs. 3 GG unmittelbar Art. 1 Abs. 3 i. V. m. Art. 14 Abs. 1 Satz 1 GG ein, denn der *Gesetzgeber* hat *abschließend*[52] in §§ 22 ff. BImSchG den (immissionsschutzrechtlichen) Nachbarschutz für das öffentliche Recht bestimmt. Während es in der zitierten Ausgangsentscheidung des BVerwG nur um objektives Recht ging, greift im vorliegenden Fall der subjektiv-rechtliche Abwehranspruch bei Verstößen gegen den Vorrang des (nachbarschützenden) Gesetzes unmittelbar durch[53].

Eine *Duldungspflicht* besteht endlich *nicht aus Sozialbindung* an höhere obwaltende öffentliche Interessen. Vielmehr enthält Art. 14 Abs. 2 *allenfalls* Rechtfertigung und Auftrag für den (untätig gebliebenen) *Gesetzgeber*[54], eine Duldungspflicht einzuführen.

[49] BVerwGE 29, 52/58.

[50] BVerwGE 29, 52/59.

[51] s. o. zu §§ 59, 60 BImSchG: II, 1 und 2.

[52] Vgl. hierzu sehr deutlich BVerwGE 68, 58 ff.

[53] *Schnapp*, in: v. Münch, GG, Art. 20 Rn. 39.

[54] BVerfGE 21, 73/83; 58, 300/335 u. st. Rspr.; so auch *Papier*, NJW 1974, 1797; noch deutlicher *ders.*, JuS 1985, 184/188.

Dritter Abschnitt

§§ 22 ff. BImSchG und sonstige öffentlich-rechtliche Vorschriften

Das BImSchG war als Kodifikation geplant[1]. In seinem Hauptteil, den Vorschriften über genehmigungsbedürftige Anlagen, ist dieses Vorhaben weitgehend realisiert[2].

Im Abschnitt über die n. g. Anlagen hat das Gesetz hingegen einen deutlich geringeren Regelungsumfang. Es enthält zudem die Klausel des § 22 Abs. 2, wonach weitergehende öffentlich-rechtliche Vorschriften unberührt bleiben. Hieraus ergibt sich eine Fülle von Zweifelsfragen. Da Bund, Länder und Kommunen stets bestrebt sind, etwas für den Umweltschutz zu tun, finden sich auf allen Ebenen Vorschriften, die nach Inhalt und/oder Vollzugszuständigkeit von den §§ 22 ff. abweichen. Der ausgesprochen weite Geltungsbereich der §§ 22 ff.[3] erhöht dabei die Konfliktmöglichkeiten noch erheblich.

Die „Unberührt"-Klausel des § 22 Abs. 2 sollte zwar der Klarstellung dienen. Mittlerweile ist sie jedoch gerade im Hinblick auf die Abgrenzung zu anderen Normbereichen Gegenstand kritischer Anmerkungen geworden[4]. Es scheint daher, daß das Verhältnis der §§ 22 ff. zum sonstigen Bundes- und Landesrecht noch weiterer Klarstellung zugänglich ist. Hierzu soll im folgenden der Versuch unternommen werden.

---

1 Vgl. BT-Dr. VI/1298, 4 f.: „umfassende Neuordnung ..., Grundlage für ein ... umfassendes bundeseinheitliches Regelwerk im Kernbereich des Umweltschutzes ...".

2 Zum abschließenden Charakter des Genehmigungsverfahrens bei genehmigungsbedürftigen Anlagen BVerwGE 68, 58 ff. und BayVBl. 1984, 342 ff.

3 s. o. § 2 der Untersuchung.

4 *Jarass*, § 22 Rn. 12: „dürfte eher das Gegenteil erreicht haben"; *Kutscheidt*, NVwZ 1983, 65/69: „... heilloser Kompetenzwirrwarr".

§ 7. §§ 22 ff. und öffentlich-rechtliche Vorschriften des Bundes

I. Problemstellung

1. Die *klarstellende Wirkung* des § 22 Abs. 2 kann im Verhältnis zu anderen Bundesgesetzen plausibel damit begründet werden, daß diese dem BImSchG ohnehin gleichrangig gegenüberstehen. Konflikte sollen deshalb schematisch nach der lex-posterior-Regel[1] lösbar sein. Nach anderer Auffassung sollen nur speziellere Bundesgesetze den §§ 22 ff. vorgehen[2].

2. Methodisch muß zunächst die *geringe Aussagekraft der lex-posterior-Regel* herausgestellt werden.

Würde jedes später erlassene Gesetz dem früheren Recht allein aus dem Gesichtspunkt der Posteriorität vorgehen, so könnte jedenfalls im öffentlichen Recht von einer auch nur annäherungsweisen Gliederung der Rechtsmaterien nicht mehr gesprochen werden. So hätte etwa das BImSchG ab 1974 das gesamte bis dahin bestehende Baurecht aufgehoben, soweit es sich auf Immissionen bezog. Mit der BBauG-Novelle von 1976 (z. B. § 9 Abs. 1 Nr. 24 BBauG) wären Teile des Immissionsschutzrechts wieder für das Baurecht zurückerobert worden — bis zur nächsten Änderung des BImSchG. Gleiches müßte für das Gaststättenrecht gelten: Zunächst wären beide Gesetze gleichrangig, weil am selben Tag entstanden (15. 3. 1974). Sobald das eine oder andere Gesetz geändert oder neugefaßt würde, träte mit der Posteriorität sein Vorrang ein. Zu Recht verweist daher schon die allgemeine Methodenlehre auf die Unvollständigkeit der lex-posterior-Regel[3]. Ob eine lex posterior verdrängende Wirkung entfalten kann, ist erst durch Auslegung der betroffenen Normen zu ermitteln, insbesondere unter Heranziehung des Spezialitätsgrundsatzes.

3. Daneben kann als *Mindestanforderung* noch der *Grundsatz der Widerspruchsfreiheit des Rechts* eingreifen.

---

[1] So *Jarass*, § 22 Rn. 12.

[2] In dieser Richtung *Kutscheidt*, NVwZ 1983, 65/70, allerdings mit dem Zusatz: „... doch ist auch das, wie nahezu alles in diesem Bereich, umstritten."

[3] *Engisch*, Einführung, Fn. 202; *Zippelius*, Methodenlehre, 45.

Die Forderung nach Widerspruchsfreiheit ist aus dem Rechtsstaatsprinzip abzuleiten[4]. Sie kann nicht nur dann gelten, wenn ein textlich zusammengefaßtes Gesetz in sich widersprüchlich gefaßt ist[5], da sonst es der Gesetzgeber in der Hand hätte, durch die Aufteilung auf mehrere Einzelgesetze sich seiner Pflicht zur verbindlichen Regelung zu entziehen. Auch aus dem Zusammenspiel von BImSchG und BBauG, GastG, GewO etc. dürfen daher nicht widersprüchliche Ergebnisse hervorgehen. Allerdings kann hieraus für die vorliegende Problematik im Ergebnis wenig gewonnen werden. Eine widersprüchliche Regelung liegt nicht schon dann vor, wenn mehrere Gesetze kumulativ anzuwenden sind (z. B. Sich-Einfügen nach § 34 BBauG *und* Vermeidung schädlicher Umwelteinwirkungen; dazu noch unten). Wirklich kontradiktorische Gegensätze sind meist durch eine Anwendung der Öffnungsklauseln (§§ 29 Satz 5 BBauG, 22 Abs. 2 BImSchG) oder durch eine harmonisierende Auslegung zu vermeiden. Lediglich mißverständliche Regelungen, die jedoch von Behörden und Gerichten noch mit Hilfe anerkannter Auslegungsmethoden geklärt werden können, verstoßen nicht gegen den Bestimmtheitsgrundsatz[6]. Immerhin wird man sagen können, daß in diesem Bereich der systematischen Auslegung zusätzliches verfassungsrechtliches Gewicht zukommt.

II. §§ 22 ff. und Baurecht des Bundes

1. Das *Verhältnis Immissionsschutzrecht—Baurecht* ist, davon muß ausgegangen werden, *bislang* noch *nicht vollständig erfaßt* und durchdacht. Kennzeichnend für ein gewisses systematisches Defizit mögen zwei Äußerungen sein: Ein Verfasser legte seiner Untersuchung wie selbstverständlich die These zugrunde, Baurecht und Immissionsschutzrecht seien „verzahnt"[7]; andererseits spricht ein ausgewiesener Kenner der Materie noch kürzlich von der „dringend nötigen Harmonisierung" beider Bereiche[8].

2. Um von vornherein die Unbestimmtheiten der „Verzahnungsthese" zu vermeiden, soll im folgenden ausschließlich auf die *konkreten Rechtsanwendungsfälle direkter Überschneidung* eingegangen werden. Dies sind folgende Rechtsakte:

---

[4] *Herzog*, in: M-D-H-S, GG, Art. 20, 284; BVerfGE 1, 14/15.
[5] Vgl. BVerfGE 1, 14/15.
[6] BVerfGE 21, 209/215.
[7] *Rademacher*, Bestandsschutz, 87.
[8] *Dolde*, NJW 1984, 1713/1722.

— Die *Erteilung einer Baugenehmigung* für eine bauliche Anlage, die gleichzeitig eine Anlage i. S. von §§ 3 Abs. 5, 22 BImSchG ist;

— Die *Baubeseitigungsanordnung* oder Baunutzungsuntersagung aus Gründen des Immissionsschutzes, soweit auch ein Verstoß gegen Bauplanungsrecht vorliegt;

— die *Anordnung* nach § 24 Satz 1 BImSchG, soweit die Pflichtennormen des BImSchG vom Bundesbaurecht abweichen;

— die *Betriebsuntersagung* nach BImSchG, soweit die Anlage mit dem Bundesbaurecht übereinstimmt.

Soweit ein konkreter Vollzug bundesbaurechtlicher Normen mit den §§ 22 ff. nur im Rahmen des landesrechtlich geregelten Bauordnungsrechts kollidieren kann, wird dieses im Vorgriff auf § 8 der Untersuchung bereits hier erörtert[9].

3. Die *Pflicht zur Beachtung der §§ 22 ff. im Baugenehmigungsverfahren* wurde bei Erlaß des BImSchG als selbstverständlich vorausgesetzt[10]. Tatbestandlich treffen die §§ 22 ff. i. d. R. auf bauliche Anlagen zu, da diese meist ortsfeste Einrichtungen i. S. von § 3 Abs. 5 Nr. 1 darstellen. § 22 und z. T. auch § 23 regeln bereits die *Errichtung* der n. g. Anlage, im Falle der baulichen Anlage also den typischen genehmigungspflichtigen Vorgang.

Hieraus ergibt sich i. V. m. den Landesbauordnungen, die die Beachtung sämtlicher öffentlich-rechtlicher Vorschriften verlangen, die Bedeutung der Grundpflichten des BImSchG[11].

Dem kann im Ergebnis nicht entgegengehalten werden, daß nach §§ 24 und 25 BImSchG die Errichtung *nachträglich* nur in begrenztem Umfang durch *Betriebsuntersagung* entwertet werden kann[12]. § 25 regelt eben die *Betriebs*untersagung, kann also schon deshalb auf ein *Errichtungs*verbot keine Rückwirkung haben. Zum anderen waren eigene Vollzugsnormen hinsichtlich der Errichtung in den §§ 22 ff. deshalb nicht erforderlich, weil die Anlagen aus immissionsschutzrechtlicher Sicht nicht genehmigungsbedürftig sind. Wenn sie aber nach anderen Normen genehmigt werden, kann dies nur in rechtmäßiger Weise geschehen.

---

9 s. u. § 8, §§ 22 ff. und Landesrecht.

10 BT-Dr. 7/179, 39: „Die Pflichten erstrecken sich im wesentlichen auf den Betrieb der Anlage, aber auch auf ihre Errichtung. Ob eine Anlage unter dem Gesichtspunkt des Immissionsschutzes ordnungsgemäß errichtet worden ist, wird gegebenenfalls in den nach anderen öffentlich-rechtlichen Vorschriften vorgegebenen Verfahren geprüft, z. B. bei Erteilung einer Baugenehmigung oder einer Gaststättenerlaubnis."

11 Vgl. z. B. § 59 Abs. 1 Satz 1 bwLBO; Art. 74 Abs. 1 BayBO; § 88 Abs. 1 Satz 1 nwBauO.

12 So aber *Sellner*, NJW 1976, 265/267, der aber übersieht, daß sich bereits § 22 mit der Errichtung befaßt.

Dabei entspricht es *in der Regel* dem Grundsatz der Verhältnismäßigkeit, die immissionsschutzrechtlichen Anforderungen nur in Form von Auflagen in den Genehmigungsbescheid aufzunehmen. Steht aber fest, daß die Anlage trotz Auflagen nicht immissionsschutzrechtlich ordnungsgemäß betrieben werden kann, so ist die Genehmigung zu versagen, weil und insoweit § 22 eben die Errichtung solcher Anlagen verbietet[13].

Etwas anderes ergibt sich auch nicht aus der Kinderspielplatzentscheidung des BVerwG[14], wo ausgeführt wurde, daß § 24 BImSchG nur Immissionsverminderungsanordnungen, nicht aber ein Beseitigungsbegehren gegen einen Kinderspielplatz stütze. Einmal ging es in dieser Entscheidung um eine bestehende, *nicht* baugenehmigungspflichtige Einrichtung. Weiterhin lag der Sachverhalt so, daß der Vorrang der Immissionsbegrenzung vor der Beseitigung keine andere Entscheidung zuließ. Bei anderer Sachlage kann deshalb sowohl eine Beseitigung wie von vornherein ein Errichtungsverbot in Betracht kommen.

Die §§ 22 und 23 sind mit dieser Maßgabe also im Baugenehmigungsverfahren zu beachten[15].

Klarstellend ist folgendes hinzuzufügen: §§ 22 ff. kommen nur im Rahmen des *Verfahrensgegenstandes* zum Tragen, d. h. soweit sich bauliche Anlage und n. g. Anlage decken. Wird z. B. gleichzeitig mit einer Lagerhalle (bauliche Anlage) ein Grundstück für lärmerzeugende Außenarbeiten genutzt, so sind im Baugenehmigungsverfahren nur diejenigen Immissionen nach § 22 zu würdigen, die von der Lagerhalle ausgehen. Für die Genehmigungsfähigkeit ist es ohne Belang, ob das danebengelegene Grundstück, auf dem Arbeiten durchgeführt werden (§ 3 Abs. 5 Nr. 3), dem BImSchG entspricht[16]. Es ist somit der Weg frei zur Erörterung der Frage, nach welchen Vorschriften die Baugenehmigung im einzelnen zu erteilen ist.

4. Das Verhältnis der § 22 ff. zu den Genehmigungstatbeständen der §§ 30, 34, 35 BBauG scheint zunächst einfach aus § 29 Satz 5 BBauG zu bestimmen, wonach andere öffentlich-rechtliche Vorschriften unberührt

---

[13] Nicht überzeugend daher *v. Holleben*, UPR 1983, 76/78 u. 81, wonach §§ 22 ff. im Baugenehmigungsverfahren *nur* zu Auflagen führen können. Die Nichtgenehmigungsbedürftigkeit nach BImSchG bedeutet eben keine Freistellung von anderen Genehmigungserfordernissen. Deren parallele Anwendung ist in der Systematik des Gesetzes stillschweigend vorausgesetzt (s. o. § 2 V 1; und vorstehend Fn. 10).

[14] BVerwG, DÖV 1975, 813/814.

[15] Allgemeine Meinung: OVG Münster, NJW 1977, 643; Amtl. Begr., 39; *Feldhaus*, § 22 Anm. 10; *Jarass*, § 22 Rn. 10; *Kutscheidt*, NVwZ 1983, 65/71; *Rademacher*, 139 dort Fn. 1.

[16] BVerwG, BRS 40 (1983), 443/446.

bleiben. Diese Vorschrift ist jedoch nur mit Einschränkungen heranzuziehen. So bezieht sie sich nicht auf andere bodenrechtliche Vorschriften[17]. Solche stellen die §§ 22 ff. jedoch nicht dar. Darüber hinaus soll § 29 Satz 5 nicht die allgemeine Subsidiarität des Bebauungsrechts gegenüber dem sonstigen öffentlichen Recht begründen. So sollen z. B. Vorschriften des Landschaftsschutzes nur die Modalitäten des Vorhabens, nicht aber seine generelle Zulässigkeit berühren[18]. In gleicher Weise könnten die Vorschriften des Immissionsschutzrechts auf eine modifizierende Funktion beschränkt sein. Dies ist anhand der einzelnen Genehmigungstatbestände zu untersuchen.

a) Das *Verhältnis § 30 BBauG—BImSchG* ist vor allem von der Streitfrage geprägt, inwieweit und mit welcher Verbindlichkeit Bebauungspläne Festsetzungen immissionsschützender Art enthalten können (vgl. §§ 9 Abs. 1 Nrn. 34, 24 BBauG, 1 Abs. 4 BauNVO). Je weiter z. B. § 9 Abs. 1 Nr. 24 BBauG hierbei ausgelegt wird, desto dringlicher stellt sich die Frage, ob solche Festsetzungen, die von den Verpflichtungen des BImSchG abweichen, wegen nachhaltig fehlender Realisierbarkeit nichtig sind[19].

Grund der Kontroverse ist die große Zurückhaltung, mit der der Gesetzgeber seine Vorstellung von der Abgrenzung von Bauplanungsrecht und Immissionsschutzrecht i. S. des BImSchG kundgetan hat[20].

Nach der Begründung der 1976er Novelle zum BBauG sollte das BBauG nicht mit Regelungsbereichen belastet werden, „die bereits in anderen gesetzlichen Vorschriften ausreichend geregelt sind und überdies zum Teil außerhalb des Zuständigkeits- und Verantwortungsbereichs der Gemeinden liegen“[21].

Auf der anderen (immissionsschutzrechtlichen) Seite stand die ebenso allgemein gehaltene Erkenntnis, daß auch nach Erlaß des BImSchG regionale Besonderheiten berücksichtigt werden müßten, z. B. wenn Verhaltensweisen in Landesimmissionsschutzgesetzen geregelt würden. Das gleiche (?) gelte „im wesentlichen für die in Zukunft mehr und mehr an Bedeutung gewinnenden planungsrechtlichen Maßnahmen“[22].

Den Materialien beider Regelungsbereiche kann somit nicht mehr entnommen werden, als daß der jeweilige Normgeber die Existenz des

---

17 BVerwGE 55, 272/277 f.

18 E-Z-B, § 29 Rn. 47.

19 So sehr weitgehend *Boisserée*, UPR 1983, 368/369, hiergegen *Groh*, UPR 1984, 142 ff.; vgl. a. *Dolde*, NJW 1984, 1713/1718 f.

20 *Groh*, 145, spricht sogar von Unsicherheit; so auch *Stich*, in: Salzwedel, Grundzüge, 171/191.

21 BT-Dr. 7/4793, 28.

22 BT-Dr. VI/1298, 5.

anderen Normbereichs zur Kenntnis genommen hat und diesem jedenfalls *auch* Bedeutung für die Rechtsanwendung im jeweils „eigenen" Rechtsgebiet zuerkannt hat. Kollisionen können daher nicht im Wege der historischen Auslegung bereinigt werden.

Auszugehen ist vielmehr davon, daß das Bebauungsrecht, mit ihm auch das Bauplanungsrecht sich *umfassend* mit der Zulässigkeit von Vorhaben befaßt, während das BImSchG zwar auch die *Errichtung* von Anlagen regelt, jedoch nur unter dem einen Gesichtspunkt des Immissionsschutzes. Es besteht daher eine grundsätzliche Vermutung für die Spezialität und damit den Vorrang des BImSchG[23]. Diese kann nur aufgehoben werden durch ausdrückliche gesetzliche Anweisung zu vorrangiger oder kumulativer Anwendung bauplanerischer Festsetzungen.

Da den Festsetzungsermächtigungen des § 9 BBauG im Sinne eines Minimums an Widerspruchsfreiheit jedenfalls irgendein Anwendungsbereich bleiben muß, werden zu Recht flächenbezogene Immissionsschutzvorkehrungen im Bebauungsplan zugelassen (Lärmschutzwälle o. ä.)[24]. Auch anlagenbezogene Schutzvorrichtungen sind möglicher Inhalt der Festsetzung[25]. Bereits hier ist eine Überschneidung zum Immissionsschutzrecht denkbar, da, wie aufgezeigt[26], § 22 nichttechnische (betriebsorganisatorische etc.) und im Rahmen von § 22 Abs. 1 Satz 1 Nr. 2 auch nicht anlagenbezogene Maßnahmen fordern kann, die sich zwangsläufig flächenbeanspruchend auswirken. Solche Maßnahmen sind gleichwohl, weil typisch baunutzungsrechtlich, auch im B-Plan möglich.

Die Gefahr fehlender Realisierbarkeit droht nicht bei den n. g. Anlagen, deren Pflichtennorm nach § 22 Abs. 2 für weitergehende Regelungen offen[27] ist. Lediglich im Vollzug bewirkt die Beschränkung der Öffnungsklausel auf *weitergehende* Vorschriften, daß sich im Kollisionsfall die *strengere* Vorschrift durchsetzt.

Weiterhin sind die Möglichkeiten bauplanerischer Nutzungsbeschränkung durch Festsetzung von Emissions- oder Immissionswerten im Streit. Hier ist der bebauungsrechtliche Bezug nicht ohne weiteres zu erkennen. Es fragt sich, ob die Regelungen des BImSchG hier nicht trotz Öffnungsklausel abschließend Anwendung finden[28].

---

23 *Boisserée*, UPR 1983, 368/370.

24 *Stich*, in: Salzwedel, Grundzüge, 191.

25 Ebd (190).

26 s. o. § 3 II, 3 u. 4.

27 Dies gilt nicht für genehmigungsbedürftige Anlagen, deren Pflichtennormen keine Öffnungsklausel enthalten; daher im Ergebnis zutreffend restriktiv BVerWG, BayVBl. 1984, 342/343.

28 So *Boisserée*, UPR 1983, 368/370.

Entscheidend ist hierbei, daß das BVerwG das BImSchG insofern als abschließende Regelung behandelt hat, als es um den Schutz von Nachbarn vor schädlichen Umwelteinwirkungen geht. Dies gilt auch und gerade gegenüber dem Baurecht[29]. Festsetzungen von Grenzwerten können also nicht damit vom Plangeber gerechtfertigt werden, daß Nachbarn zu schützen seien. Das gleiche muß aber konsequenterweise für den Schutz der Allgemeinheit gelten, den das BImSchG ebenfalls umfaßt. Festsetzungen im B-Plan mit dieser Begründung wären von vornherein nicht erforderlich i. S. von § 1 Abs. 3 BBauG und überdies nicht realisierbar. Die Erforderlichkeit kann jedoch im Falle der n. g. Anlagen möglicherweise für solche Festsetzungen bejaht werden, die aus Gründen der Vorsorge über das zum Schutz der Nachbarn oder der Allgemeinheit erforderliche Maß an Emissions- und Immissionsbegrenzung hinausgehen.

Das Vorsorgeprinzip ist in § 22, wie ausgeführt, nicht nur nicht abschließend, sondern überhaupt nicht enthalten[30]. Insofern kann der vorsorgenden Festsetzung von Grenzwerten in B-Plänen nicht entgegengehalten werden, daß die Bauleitplanung damit in spezifisch fachbehördliche Bereiche übergreift[31].

Allerdings sind *Immissions*werte für n. g. Anlagen nach § 9 Abs. 1 Nr. 24 BBauG nicht möglich, weil sie keine *Vorkehrung*, sondern das mit den Vorkehrungen anzustrebende Ziel darstellen[32]. Sie würden damit auch keine hinreichend konkrete Festsetzung bedeuten[33]. Immissionsgrenzwerte kommen auch nicht nach § 1 Abs. 4 Satz 1 Nr. 2 BauNVO in Betracht: Immissionswerte, die notwendig in der *Umgebung* der Anlage festzustellen sind, können nicht als *Eigenschaft* dieser Anlage bezeichnet werden[34].

Emissionswerte stellen ebenfalls keine „Vorkehrung" dar; sie könnten allenfalls als Vorkehrung im B-Plan selbst verstanden werden. Darum geht es aber in § 9 BBauG nicht. Hiernach sind nur solche Vorkehrungen festzusetzen, die im Rahmen der baulichen Nutzung, also an der Anlage[35] zu verwirklichen sind.

---

[29] BVerwGE 68, 58 ff.

[30] s. o. § 3 I 3 der Untersuchung.

[31] Vgl. BVerwG, BayVBl. 1984, 342/343, allerdings für genehmigungsbedürftige Anlagen. Zweifel an der Erforderlichkeit anlagenbezogener Festsetzungen im B-Plan sind für den Bereich der §§ 4 ff. insbesondere dann angebracht, wenn man dem Vorsorgegebot des § 5 Nr. 2 „Planungsfunktion" zuspricht (*Dolde*, NJW 1984, 1713/1716; *Gierke*, DVBl. 1984, 149/151). Dies kann jedoch für die n. g. Anlagen dahinstehen.

[32] *Schmaltz*, DVBl. 1982, 964 f.

[33] *Groh*, UPR 1984, 142/146.

[34] Im Ergebnis ebenso Planungserlaß NW, BMl.NW 1982, 1366 ff., I. 6. 1.

[35] E-Z-*Bielenberg*, § 9 Rn. 82; entgegen dem Wortlaut von § 9 Abs. 1 Nr. 24

Emissionsgrenzwerte können jedoch Eigenschaften i. S. von § 1 Abs. 4 Satz 1 Nr. 2 BauNVO bezeichnen. Sie sind daher im B-Plan ohne Verstoß gegen die Trennung von Baurecht und Immissionsschutzrecht grundsätzlich zulässig[36]. Dabei ist wegen der abschließenden Regelung des Schutzprinzips in § 22 BImSchG allerdings stets auf eine generelle Verbesserung der Immissionslage hinzuwirken. Insbesondere in „Gemengelagen" kann die Erheblichkeit nach *BImSchG* aufgrund der vorhandenen Vorbelastung sehr hoch anzusetzen sein[37]. Hier kann der B-Plan für künftige Verbesserung sorgen. Erforderlich sind also nur solche Festsetzungen, die verschärfend wirken. Die Vollziehbarkeit des Plans ist in diesem Zusammenhang noch nicht gefährdet, wenn aufgrund eines fortgeschrittenen Standes der Technik die Anforderungen an einzelne Vorhaben im Plangebiet über die Regelung im B-Plan hinausgehen, solange der B-Plan nicht generell die Grenzen des BImSchG unterschreitet[38].

Zu beachten ist ferner, daß es nach dem BVerwG nicht Aufgabe der Bauleitplanung ist, den Stand der Technik festzuschreiben oder sich ihm laufend anzupassen[39], weil und insoweit diese Entscheidung eben dem fachgesetzlichen Immissionsschutz vorbehalten ist. Solche Aufgaben wachsen der Gemeinde auch nicht aus dem „Gebot planerischer Konfliktbewältigung" zu; dieses kann nur die bestehenden gesetzlichen Planungskompetenzen beeinflussen, sie aber nicht contra legem erweitern[40]. Ist die Entscheidung über den Stand der Anlagentechnik aber nur nach BImSchG zu treffen, so kann nichts anderes für die sonstigen Pflichten der §§ 22, 23 BImSchG gelten. Da andererseits die Bauleitplanung auch technisch relevante Festsetzungen zulässigerweise enthalten kann[41], muß ein Anwendungsmodus gefunden werden, der beiden Regelungsbereichen größtmögliche Geltung erhält.

Die Zielsetzung des BImSchG erfordert es, hierbei die Vorschriften des BImSchG jedenfalls als Untergrenze immissionsschutzrechtlicher Verpflichtungen anzusehen. Ob darüber hinaus bei genehmigungsbedürftigen Anlagen § 5 eine insgesamt abschließende Regelung enthält[42], kann dahinstehen. Bei den hier untersuchten n. g. Anlagen ermöglicht jedenfalls die Öffnungsklausel des § 22 Abs. 2, es bei der Untergrenze

BBauG will *Gelzer*, Rn. 181, offenbar *nur* flächenbezogene Festsetzungen zulassen.

[36] Vgl. a. Planungserlaß NW (Fn. 34), I. 6.4.3.

[37] Vgl. o. § 3 II 2 der Untersuchung.

[38] Vgl. BVerwG, DVBl. 1979, 151.

[39] BVerwG, BayVBl. 1984, 342/343.

[40] Vgl. BVerwG ebd. gegen OVG Berlin, DVBl. 1984, 147 f.

[41] s. vorstehend, Fn. 40.

[42] In dieser Richtung BVerwG (Fn. 39).

bewenden zu lassen. Das BImSchG ist daher gegenüber *weitergehenden* Vorschriften *keine abschließende* Regelung. Im Ergebnis setzt sich damit stets die strengere Regelung durch[43].

Zu klären bleibt, ob Festsetzungen des B-Plans bereits vor einer direkten *Anwendungs*kollision die *Auslegung* der Pflichtennormen des BImSchG beeinflussen.

Im Rahmen der *„Erheblichkeit"* von Nachteilen und Belästigungen (§ 3 Abs. 1 BImSchG) soll der *planerischen Vorbelastung* Bedeutung zukommen[44]. Dem steht jedoch entgegen, daß das BImSchG insofern ausschließlich gesundheitspolitische Zwecke verfolgt und demgemäß ausschließlich auf die *tatsächliche* Empfindlichkeit eines vernünftigen Durchschnittsbetroffenen abgestellt werden kann[45]. Die Erheblichkeit von Immissionen ist kein tauglicher Gegenstand der Abwägung zwischen Betreiberinteressen und Betroffeneninteressen. Die *tatsächliche* Empfindlichkeit kann eben nur von einer tatsächlich vorhandenen Vorbelastung beeinflußt werden. Insofern sich in dieser Vorbelastung *auch* eine beabsichtigte künftige Nutzung konkret abzeichnet, mag auch diese die Empfindlichkeit des Betroffenen beeinflussen. Der B-Plan kann daher nur Anhaltspunkt zur Bestimmung der Erheblichkeit sein[46].

Unmittelbar rechtliche Bedeutung hat die planerische Vorbelastung nur im Rahmen des *„Mindestmaßes"* i. S. von § 22 Abs. 1 Satz 1 Nr. 2; erst hier ist eine umfassende Interessenbewertung zulässig und geboten.

In diesem Sinn haben auch bauplanerische Gebietsfestsetzungen grundsätzlich keinen Vorrang vor den Gebietskategorien der TA Lärm, solange nicht die tatsächliche Bebauung und Nutzung dem Plan entspricht[47]. Die Möglichkeit zur Verwirklichung des Plans ist vielmehr erst durch immissionsschützende Festsetzungen zu schaffen.

Umgekehrt beeinflußt allerdings das BImSchG die Auslegung der BauNVO, soweit diese in allgemeinen Begriffen „nicht störende" (etc.)

---

[43] *Dolde*, NJW 1984, 1713/1719; *Jarass*, Einl. Rn. 15; *v. Holleben*, UPR 1983, 76/77 f.; unklar *Groh*, UPR 1984, 142/146, der nach dem kompetenzrechtl. „Grundsatz der Rücksichtnahme" vorgehen will.

[44] BVerwG, GewArch. 1977, 168/171.

[45] s. o. § 3 II der Untersuchung.

[46] Vgl. sehr deutlich BGH, BRS 39 (1982), 102/104, der die bauplanerische Ausweisung nur als allgemeinen Anhalt für die „Ortsüblichkeit" wertet; nichts anderes kann für die Erheblichkeit gelten. Unklar *Jarass*, § 22 Rn. 14, der den B-Plan unter „weitergehenden Vorschriften" abhandelt, gleichwohl aber ihn nur als „wichtigen Anhaltspunkt" für das zulässige Maß an Immissionen bezeichnet. Für die *Maßgeblichkeit* der planerischen Ausweisung wohl *ders.*, § 3 Rn. 30. Zur Maßgeblichkeit der *tatsächlichen* Verhältnisse bei Gaststättenimmissionen VGH Mannheim, GewArch. 1984, 69/70.

[47] Zu weitgenhend daher 2.332 TA Lärm, wonach der Vorrang des Plans erst entfällt, wenn die Bebauung *erheblich* abweicht.

Betriebe zuläßt. Im Hinblick auf störende Immissionen ist wiederum das BImSchG — für n. g. Anlagen also § 22 — als speziellere Regelung anzusehen. Dies gilt auch für § 15 Abs. 1 Satz 2 BauNVO[48].

b) *§§ 22 ff. BImSchG und §§ 34, 35 BBauG* sind gegenüber dem Bereich des § 30 deshalb unproblematischer in Übereinstimmung zu bringen, weil hier keine ausdifferenzierte baurechtliche Regelung im Hinblick auf Immissionen vorliegt. Vielmehr ist das BImSchG in bezug auf störende Umwelteinwirkungen gegenüber den Begriffen des „Sich-Einfügens", der „gesunden Wohn- und Arbeitsverhältnisse" sowie der „öffentlichen Belange" i. S. von § 35 Abs. 3 tiré 2 grundsätzlich als speziellere (Teil-)Regelung anzusehen.

aa) Der Begriff des *„Sich-Einfügens"* wird herkömmlich in drei Elemente aufgegliedert[49]:

— Einhaltung des „Rahmens" der vorhandenen Nutzung[50];

— Einhaltung des Gebots der Rücksichtnahme[51];

— keine Erhöhung bodenrechtlicher Spannungen[52].

Dabei ist die immissionsschutzrechtliche Verträglichkeit des einzelnen Vorhabens am Gebot der Rücksichtnahme zu prüfen. Das BVerwG hat hierzu ausgeführt:

„Welche Anforderungen das Gebot der Rücksichtnahme (*objektivrechtlich*[53]) begründet, hängt wesentlich von den jeweiligen Umständen ab. Je empfindlicher und schutzwürdiger die Stellung derer ist, denen die Rücksichtnahme zugute kommt, um so mehr kann an Rücksichtnahme verlangt werden. Je verständlicher und unabweisbarer die mit dem Vorhaben verfolgten Interessen sind, um so weniger braucht derjenige, der das Vorhaben verwirklichen will, Rücksicht zu nehmen[54]."

Das BVerwG fordert sodann zugunsten des Verpflichteten die Berücksichtigung gesetzlicher Privilegierungen und fährt fort:

„Andererseits bietet sich bei der Bemessung dessen, was den durch ein Vorhaben Belästigten zugemutet werden kann, eine Anlehnung an die Bestimmungen des BImSchG an. Dieses Gesetz verlangt von den Betreibern emittierender Anlagen, mögen sie immissionsschutzrechtlich

---

48 s. noch unten zu §§ 5, 22 BImSchG als abschließende Bestimmung des Gebots der Rücksichtnahme, soweit Immissionen betroffen sind.

49 *Ernst / Hoppe*, 248 f.

50 BVerwG, DVBl. 1983, 349; *Ernst / Hoppe*, 248 f.

51 *Ernst / Hoppe* 248 f.; u. U. auch als „öffentlicher Belang", BVerwG, DVBl. 1983, 349.

52 *Ernst / Hoppe*, 248 f.

53 Hervorhebung vom Vf.

54 BVerwGE 52, 122/126.

genehmigungsbedürftig sein oder nicht, daß vermeidbare schädliche Umwelteinwirkungen unterbleiben[55]."

Zu betonen ist: Damit umschreibt das BVerwG den *objektiv-rechtlichen* Inhalt des Gebots der Rücksichtnahme. Eine nach dieser Rechtsprechung ausnahmsweise subjektiv-rechtliche Ausprägung erlangte das Gebot nur, wenn schwere und unerträgliche Eingriffe vorlagen oder ein qualifizierter Personenkreis betroffen war[56].

Diese Rechtsprechung gab in zweifacher Hinsicht zu Zweifeln Anlaß:

Einmal erscheint es fragwürdig, wie die Zulässigkeit von Immissionen aus emittierenden Anlagen überhaupt abweichend vom BImSchG bestimmt werden soll, solange nicht eine gegenüber dem BImSchG eingehendere und speziellere Regelung vorliegt. Das „Sich-Einfügen" ist jedenfalls ebensowenig lex specialis wie das Gebot der Rücksichtnahme mit seiner globalen Abwägungsformel. Zum zweiten leuchtete es nicht ein, weshalb nach dem Gebot der Rücksichtnahme die Zumutbarkeit für Betroffene (!) in Anlehnung an die *nachbarschützenden* Vorschriften des BImSchG nur im Ausnahmefall nachbarschützenden Charakter haben sollte[57].

Es ist daher zu begrüßen, daß das BVerwG den sich „anbietenden" Vorschriften des BImSchG mittlerweile entscheidende Bedeutung zumißt.

In zwei Entscheidungen vom 30. 9. 1983 hat das BVerwG den Weg geöffnet, das Gebot der Rücksichtnahme in bezug auf Immissionen auch „baurechtlich" durch die konsequente Anwendung des geschriebenen Rechts zu ersetzen. Im Falle einer genehmigungsbedürftigen Anlage hat das BVerwG festgestellt:

„Eine Anlage, deren Immissionen sich in den Grenzen des der Nachbarschaft gemäß § 5 Nr. 1 BImSchG Zumutbaren halten, ist nicht rücksichtslos. § 5 Nr. 1 BImSchG ist, soweit er die „Nachbarschaft" vor schädlichen Umwelteinwirkungen schützt, eine spezielle gesetzliche Ausprägung des Rücksichtnahmegebots ... Es gibt kein baurechtliches Rücksichtnahmegebot, das etwa dem Verursacher von Umwelteinwirkungen mehr an Rücksichtnahme zugunsten von Nachbarn gebieten würde, als es das Bundes-Immissionsschutzgesetz gebietet. Dieses Gesetz hat vielmehr die Grenze der Zumutbarkeit von Umwelteinwirkungen für Nachbarn und damit das Maß der gebotenen Rücksichtnahme mit Wirkung auch für das Baurecht allgemein bestimmt[58]."

---

55 BVerwGE 52, 122/126.

56 BVerwGE 52, 122/128.

57 Daher zutr. die Kritik von *Schrödter*, DVBl. 1977, 726 f.

58 BVerwGE 68, 58/60 f.

Diesen Ausführungen ist zunächst eindeutig zu entnehmen, daß die Bestimmung des *Nachbarschutzes* im „Drei-Wege-Verfahren" (Schutznorm — Art. 14 GG — handgreifliches Betroffensein)[59] aufgegeben ist, soweit es um Immissionen geht.

Zu klären bleibt, ob diese Überlegungen sich

— auf den hier untersuchten Bereich der *nicht* genehmigungsbedürftigen Anlagen übertragen lassen *und*

— sich auch auf die objektiv-rechtliche Verbürgung des Gebots der Rücksichtnahme erstrecken.

Die erste Frage wird schon aus der zitierten Ausgangsentscheidung zum Verhältnis Rücksichtnahme—Immissionsschutz bejaht werden müssen; bereits damals wurde kein Unterschied zwischen genehmigungsbedürftigen und nicht genehmigungsbedürftigen Anlagen gemacht[60]. Diese Gleichbehandlung setzt sich auch in der jüngsten Rechtsprechung fort[61]. Sie kann daher auch im folgenden zugrunde gelegt werden.

Auch die zweite Frage ist positiv zu beantworten. Zwar enthalten die zitierten Ausführungen des BVerwG zum Gebot der Rücksichtnahme häufige Hinweise auf die „Nachbarschaft", so daß daran gedacht werden könnte, die Normen des BImSchG nur als allgemeine Bestimmung des *nachbarschützenden* Teils der Rücksichtnahme anzusehen. Diese Auslegung wäre jedoch weder mit der erwähnten Ausgangsentscheidung noch mit der neueren Rechtsprechung des BVerwG zu vereinbaren.

Im Ausgangsfall wurde festgestellt, daß die Zumutbarkeit für die Betroffenen gerade den objektiv-rechtlichen Umfang des Rücksichtnahmegebots bestimmt. Wird diese Zumutbarkeit durch das BImSchG ausgefüllt, so ist darin *zunächst* eine Präzisierung der objektiv gebotenen Rücksichtnahme enthalten[62]. Diese war auch dringend erforderlich, um zu einer Konkretisierung des zunehmend an Treu und Glauben[63] ausgerichteten Rücksichtnahmegebotes zu gelangen[64]. Da diese Präzisierung

---

[59] *Stich*, in: Salzwedel, Grundzüge, 171/204, zur Überforderung der Beteiligten durch diese Rechtsprechung. Zust. zur Harmonisierung auch *Dolde*, NJW 1984, 1713/1722.

[60] s. o. Fn. 54; vgl. a. *Schenke*, NuR 1983, 81/91.

[61] BVerwG, Urt. v. 30. 9. 1983, 4 C 18.80, BRS 40 (1983), 450 f., Urt. v. 21. 1. 1983, BRS 40, 443/445 unten.

[62] BVerwG BRS 40 (1983), 443/445.

[63] Vgl. *Stich*, in: Salzwedel, Grundzüge, 171/203.

[64] Zustimmend *Schlichter*, DVBl. 1984, 875/878 f.; *Redeker*, DVBl. 1984, 870/871 f. unter scharfer Ablehnung jeder „konturenlosen Abwägung" im Rahmen gebundener Verwaltungsentscheidungen und für mehr Respekt vor der gesetzlichen Regelung (des BImSchG).

durch die Anwendung nachbarschützender Vorschriften erfolgt, liegt gleichzeitig, gewissermaßen als Beiprodukt, eine Klärung nachbarrechtlicher Zweifelsfragen vor.

Das Gebot der Rücksichtnahme ist daher entbehrlich, soweit es sich um Immissionen von Anlagen im Sinne des BImSchG handelt.

Dies gilt auch, soweit störungspräventive Ansprüche betroffen sind. Der vorhandene Betrieb kann damit nur solche heranrückende Wohnbebauung verhindern, die immissionsschutzrechtlich gegen ihn aus §§ 5, 17, 22, 24 vorgehen könnte[65]. Mehr droht ihm aufgrund der auch nachbarrechtlichen Beschränkung und Präzisierung des Gebots der Rücksichtnahme nicht.

Auch die Mittelwertbildung im Rahmen der Rücksichtnahme zwischen immissionsschutzrechtlich unterschiedlich belasteten Gebieten tritt für n. g. Anlagen hinter der Anwendung von § 22 zurück; sie kommt allerdings bei der Berücksichtigung der „Erheblichkeit" in § 3 Abs. 1 als Vorbelastung zum Tragen[66].

Dem Gebot der Rücksichtnahme bleibt allerdings ein eigenständiger Anwendungsbereich, soweit es sich auf nicht immissionsschutzrechtliche Auswirkungen bezieht (z. B. erdrückende Wirkung)[67].

bb) In bezug auf die *gesunden Wohn- und Arbeitsverhältnisse* kann immissionsschutzrechtlich nichts anderes gelten.

Auch hier steht ein sehr allgemein gehaltener Begriff der Spezialregelung des BImSchG gegenüber. Bei nichtgenehmigungsbedürftigen Anlagen bestimmt sich die immissionsbezogene „Gesundheit" daher nach § 22. Eine Präzisierung ist damit insofern gewonnen, als die Grenzziehung „nicht allzu weit (!) unterhalb der Polizeigefahr"[68] entbehrlich wird, die ohnehin schon bisher wegen des Vorrangs des insofern weitergehenden BImSchG nach § 29 Satz 5 BBauG ins Leere gehen mußte, soweit es sich um Anlagen i. S. des BImSchG handelte.

cc) Schließlich ist auch im *Außenbereich* die Immissionsverträglichkeit abschließend nach BImSchG zu bestimmen. Auch die nach § 35 Abs. 1 Nr. 5 privilegierten Vorhaben sind nicht von der Vermeidung

[65] Vgl. aber BVerwG, NVwZ 1984, 646 f., wo auf die Zitation des BImSchG inkonsequenterweise wieder völlig verzichtet wird. Es ist aber für den vorhandenen Betrieb sehr bedeutsam, ob künftig bei Anordnungen die wirtschaftliche Vertretbarkeit eine Rolle spielt oder nicht (wie bei § 24, s. o. § 4 II 3 e); vgl. a. *v. Holleben*, DVBl. 1981, 903/904, 906.

[66] Anders wieder inkonsequent BVerwG, NVwZ 1984, 646 f.

[67] BVerwGE 68, 58/61.

[68] E-Z-B-*Dyong*, BBauG, § 35 Rn. 86; vgl. a. *Zoubek / Menke*, UPR 1984, 249/251 m. w. N.

schädlicher Umwelteinwirkungen befreit, weil dies öffentliche Belange beeinträchtigt[69].

5. Bei *nachträglichen baurechtlichen oder immissionsschutzrechtlichen Maßnahmen* ist der Grundsatz der Funktionentrennung nach Maßgabe des soeben Ausgeführten auch hinsichtlich der Handlungsformen der Behörden durchzuhalten. Hier soll zunächst nur der Vollzug BBauG — BImSchG gegenübergestellt werden[70].

a) *Bau-, Nutzungs- oder Abbruchgebote nach BBauG* sind tatbestandsmäßig nur bei Verstößen gegen Festsetzungen des B-Plans möglich (§§ 39 b, c, d BBauG). Eine Konkurrenz mit den Pflichten des BImSchG ist hier nicht möglich.

b) Umgekehrt können *Anordnungen oder Untersagungen nach BImSchG* (§§ 24, 25) nicht getroffen werden, weil Verstöße gegen (immissionsschützende bzw. vorsorgende) Festsetzungen eines B-Planes vorliegen. §§ 24, 25 können allerdings *neben* bauordnungsrechtlichen Maßnahmen Anwendung finden, soweit *auch* Verstöße gegen BImSchG vorliegen. Wegen des Vorrangs der strengeren Regelung steht dabei die bauplanungsrechtliche Zulässigkeit einer Anordnung nach BImSchG nicht entgegen. Im Fall des § 25 Abs. 2 BImSchG kann die Immissionsschutzbehörde sogar entgegen den Absichten der Baubehörde die *Errichtung untersagen*[71].

III. §§ 22 ff. und GastG

1. Im Gegensatz zum vorstehenden Problembereich des Bebauungsrechts hat der Gesetzgeber durch Anpassung des GastG[72] die Überschneidung mit dem BImSchG zum Teil entschärft.

2. *Gaststätten* stellen *ortsfeste*[73] *Einrichtungen* i. S. von § 3 Abs. 5 Nr. 1 dar; zusätzlich weisen sie die besonderen Merkmale des § 1 Abs. 1 GastG auf. Es läge daher nahe, das GastG insgesamt als Spezialgesetz zum BImSchG anzusehen. Der anhand des Strafrechts[74] entwickelte

---

[69] BVerwG, BRS 40 (1983), 179/181. Für eine Abwägungsentscheidung (E-Z-B-*Dyong*, § 35 Rn. 86 d) ist bei Verstoß gegen § 22 *kein* Raum; vgl. grundsätzlich *Redeker*, DVBl. 1984, 870/871.

[70] Zum Verhältnis BImSchG—Bauordnungsrecht im übrigen s. u. § 8.

[71] Zutreffend gesehen von *Sellner*, NJW 1976, 265/268; übereinstimmende Zuständigkeit ist daher wünschenswert (Sellner a. a. O.).

[72] § 69 Abs. 2 BImSchG (BGBl. 1974, 721/740).

[73] Auf den Sonderfall ortsveränderlicher Gaststätten (§ 1 Abs. 2 GastG) soll hier nicht weiter eingegangen werden. Sie sind vom BImSchG nur erfaßt, wenn sie technisch betrieben werden (§ 3 Abs. 5 Nr. 2 BImSchG).

[74] Vgl. *Zippelius*, Methodenlehre, 45 zu §§ 223, 223 a StGB.

Begriff der Spezialität kann jedoch mit der Spezialität des *Tatbestandes* sich nur insofern begnügen, als die Rechtsfolge „invariant" ist (Strafdrohung). Sobald unterschiedliche Rechtsfolgen in Betracht kommen[75], besagt die Anknüpfung an den begrifflich engeren Tatbestand noch nicht, daß sich bei seinem Vorliegen *ausschließlich* die ihm zugeordnete Rechtsfolge, nicht auch die dem allgemeinen Tatbestand zugeordnete Rechtsfolge, ergeben soll[76]. Dies ist erst im Wege einer (teleologischen und systematischen) Auslegung zu ermitteln[77]. Gerade die zuletzt beschriebene Situation ist die im öffentlichen Recht typische. Wenn überhaupt einmal Tatbestandsspezialität besteht, wie zwischen § 22 BImSchG und § 4 GastG, so treten i. d. R. mehrere unterschiedliche, zumindest graduell verschiedene Rechtsfolgen auf (Versagung der Genehmigung, Anordnung, Auflage, Widerruf, Untersagung). Auch hier enthält die Aussage von der Spezialität der *Tatbestände* also noch keine Erkenntnis über das Verhältnis der *Rechtsfolgen.* Dieses ist im einzelnen zu prüfen.

3. Die *Pflichtennorm des § 22* gilt für Gaststätten nicht, soweit es um die Errichtung der Anlage geht.

a) Hinsichtlich der *Errichtung* sind *weitergehende Pflichten* in § 4 Abs. 1 Nr. 3 GastG in Form von Erlaubnisversagungsgründen formuliert: Hiernach dürfen schädliche Umwelteinwirkungen[78] nicht zu befürchten sein. Es kommt also weder auf den Stand der Technik an[79] noch auf ein (im Wege des nachbarlichen Interessenausgleichs zu ermittelndes) „Mindestmaß".

Die verdrängende Wirkung folgt daraus, daß diese Errichtungspflicht auf das gleiche Ziel gerichtet ist, jedoch weitergehende Anforderungen (in der gleichen Richtung) enthält; somit ist insofern auch „Rechtsfolgenspezialität" gegeben[80].

Die Verdrängung reicht gegenüber § 22 Abs. 1 Satz 1 aber nur so weit, wie es um Immissionen geht (Nrn. 1 und 2). Die Verpflichtung, die ord-

---

75 Im Strafrecht z. B.: Maßregeln (*Zippelius,* Methodenlehre, 45).

76 Vgl. ebd.; *Larenz,* Methodenlehre, 256 f.

77 *Larenz,* 257.

78 Hier sind *sämtliche* schädlichen Umwelteinwirkungen i. S. von § 3 Abs. 1 BImSchG erfaßt. Eine kompetenzrechtliche Beschränkung ist nach h. M. nicht zu berücksitigen, weil „Gewerberecht" vorliegt (Art. 74 Nr. 11 GG). Aber auch nach hier vertretener Auffasung gebietet der *Sachzusammenhang* der umfassenden gaststättenrechtlichen Regelung sämtlicher Störungen, die Kompetenzen aus Art. 74 Nrn. 11, 24 GG zu ergänzen (vgl. o. § 1 II a. E.).

79 So ausdrücklich *Michel / Kienzle,* GastG, § 31 Rn. 2; wichtig bei Kfz-Lärm, der technisch schwer vermieden werden kann; zur Zurechenbarkeit BayVGH, GewArch. 1980, 93; für Zurechnung des typischen (nicht „Exzeß"-) Lärms auch *Jarass,* NJW 1981, 721/725.

80 Vgl. vorstehend 2.

nungsgemäße Beseitigung der Abfälle zu ermöglichen (Nr. 3), ist daher nicht verdrängt; sie gilt neben § 4 Abs. 1 Nr. 3. Wegen der Bezugnahme auf § 3 Abs. 1 BImSchG ist schon bei der Errichtung Nachbarschutz anzunehmen[81].

b) Fraglich ist, ob beim *Betrieb* überhaupt eine unmittelbar geltende Grundpflicht eingreift. Hier sollte § 22 „subsidiär" gelten[82]. Dem ist insofern zuzustimmen, als trotz Spezialität die „Sperrwirkung" des allgemeinen Tatbestandes[83] angenommen werden muß, d. h. die Auslegung des Spezialgesetzes darf i. d. R. nicht hinter der Rechtsfolge des allgemeinen Gesetzes zurückbleiben, sofern nicht eine ausdrückliche Privilegierung erkennbar ist.

Dem GastG ist zwar zu entnehmen, daß ihm die *ausdrücklich* formulierte Betreiberpflicht fremd ist, es geht aber *stillschweigend* von einer solchen aus. Ansonsten wäre die Zulässigkeit jederzeitiger Auflagen auch zum Schutz vor schädlichen Umwelteinwirkungen nicht verständlich (§ 5 Abs. 1 Nr. 3). Im Rahmen dieser Vollzugsnorm ist die „Sperrwirkung" des § 22 zu beachten; Auflagen sind daher stets, (aber nicht nur dann) möglich, wenn gegen § 22 verstoßen wird.

4. Von den *Grundpflichten* zu unterscheiden sind die *Pflichten aus Rechtsverordnungen nach § 23.* Zu Unrecht werden diese in die allgemeine *subsidiäre* Geltung „der §§ 22 ff." einbezogen[84]. Sie gelten vielmehr *direkt.*

Einer Verdrängung (oder auch nur Subsidiarität) der Rechtsverordnung steht entgegen, daß sie im Verhältnis zum GastG *keine leges generales* darstellen.

Dies gilt zunächst ohne Einschränkung für die bisher erlassenen VOen, die sich mit *besonderen Anlagengruppen* befassen. Für die Gaststätten kommt insbesondere die 1. BImSchV über *Feuerungsanlagen* in Betracht. Hier umfaßt keine Regelung notwendig die Begriffsmerkmale der anderen; es kann nur eine *teilweise* Überschneidung vorliegen, da eine Feuerungsanlage immer nur *Teil* der Gaststätte ist. Die VO ist insofern gegenüber der allgemeinen Immissionsschutzbestimmung des *§ 4 Abs. 1 Nr. 3* sogar spezieller[85] und bereits bei der Errichtung zu be-

---

[81] *Michel / Kienzle,* § 4 Rn. 69 a m. w. N.; a. A. *Hoffmann / Seitter,* § 4 Anm. 1 a. E.; für die ähnliche Drittanfechtungsklage gegen Festsetzung einer Kirmes nach § 69 a GewO: OVG Münster, GewArch. 1984, 24/25 (Nachbarschutz).

[82] *Michel / Kienzle,* § 31 Rn. 2; offenbar gleicher Ansicht *Hoffmann / Seitter,* § 4 Anm. 8.

[83] Vgl. aus strafrechtlicher Sicht *Jescheck,* S. 215.

[84] Zumindest mißverständlich *Michel / Kienzle,* § 31 Rn. 2; unrichtig *Jarass,* vor § 22 Rn. 8; unentschlossen *Feldhaus,* § 22 Anm. 13 („dürfte subsidiär gelten").

[85] So (zutreffend) *Michel / Kienzle,* § 31 Rn. 2.

achten, soweit sie sich auf diese bezieht[86]. Um nicht eine unnötige Verdoppelung des Verfahrens zu erreichen, läge es nahe, § 4 Abs. 1 Nr. 3 so zu verstehen, daß schädliche Umwelteinwirkungen stets „zu befürchten" sind, wenn gegen die VO verstoßen wird. Es muß aber berücksichtigt werden, daß eine Abweichung von den *Emissions*vorschriften der VO *nicht* notwendig zu Immissionen führt[87]. Dies ergibt sich aus § 8 — 1. BImSchV —, wonach Ausnahmen von den Anforderungen der 1. BImSchV nur zugelassen werden können, wenn *schädliche Umwelteinwirkungen nicht zu befürchten sind.* Die VO geht also über § 4 Abs. 1 Nr. 3 hinaus. Die Gaststättenerlaubnis kann daher nicht wegen § 4 Abs. 1 *Nr. 3* versagt werden, wenn gegen die 1. BImSchV verstoßen wird.

Jedoch ist anzunehmen, daß die Erlaubnisbehörde auch alle sonstigen spezialpolizeilichen Normen *zu beachten* hat, sofern diese sich auf den Gaststättenbetrieb beziehen[88]. Diese Bindung kann auf die Wahrung der öffentlichen Sicherheit i. S. von § 4 Abs. 1 *Nr. 2* GastG gestützt werden. Der öffentlichen Sicherheit widerspricht der Betrieb, wenn er nicht (auch) entsprechend der 1. BImSchV geführt wird[89]. (Der Schutz der *Gäste* ist nur *ein Gesichtspunkt* in Nr. 2; aus den Materialien ergibt sich, daß unter öffentlicher Sicherheit *auch* die Verhinderung nach *außen* gerichteter Gefahren gemeint war[90]). Die Erlaubnisbehörde kann aber *als solche nicht Ausnahmen* nach § 8 — 1. BImSchV — *erteilen.* Hierfür ist nur die Immissionsschutzbehörde zuständig.

Somit ist der Verstoß gegen die 1. BImSchV ein Versagungsgrund nach § 4 Abs. 1 *Nr. 2* GastG.

Unproblematisch ist nach dem bisher Gesagten (Spezialität der BImSchG-VOen) auch die unmittelbare *Rechtsgeltung der Versorgungspflichten* beim Betrieb der Gaststätte. Welche Behörde(n) diese Pflichten in welcher Weise durchsetzt (durchsetzen), ist im folgenden zu klären.

5. *Nachträgliche Maßnahmen gegen Gaststätten* kommen in Frage aus §§ 24, 25 BImSchG und/oder §§ 5, 15 sowie §§ 31 GastG i. V. m. § 15 II GewO.

Tatbestandlich geht es hier immer um immissionsschutzrechtliche Pflichtenverstöße; es liegt auf der Hand, daß wegen Fragen der *persönlichen* Unzulässigkeit keine Konkurrenz zum BImSchG eintreten kann.

---

[86] §§ 1, 2 a, 3, 9 — 1. BImSchV —.

[87] Zum Vorsorgeeffekt der Emissionswerte s. o. § 4 II.

[88] *Mörtel*, GastG, § 4 Rn. 51 zur Rechtslage vor Erlaß des BImSchG.

[89] Vgl. die Owi-Tatbestände § 62 Abs. 1 Nr. 7 BImSchG i. V. m. §§ 3 Abs. 1 Satz 1 — 1. BImSchV —, 11 Nr. 1 sowie 11 Nr. 2 — 1. BImSchV —.

[90] BR in BT-Dr. V/205, 24.

a) Die *Anordnung nach § 24 BImSchG* wird, soweit sie zur Durchführung *des § 22 BImSchG* dient, vollständig durch § 5 Abs. 1 Nr. 3 GastG verdrängt. Das allgemeine immissionsrechtliche *Schutz*prinzip ist materiell abschließend im GastG geregelt und wird in § 5 Abs. 1 Nr. 3 GastG lediglich aufgegriffen[91]. § 24 enthält aber *zwei* Tatbestände: einmal die „Durchführung" des § 22, zum anderen die Durchführung der Rechtsverordnung. Dies wird im Hinblick auf Gaststätten weithin übersehen.

Problematisch ist daher die *Durchsetzung* der nicht immissions-, sondern emissionsbezogenen *Verordnungspflichten* (vgl. 1. BImSchV).

Wie bereits dargestellt, sind z. B. die Pflichten der 1. BImSchV generell auf den Schutz vor schädlichen Umwelteinwirkungen gerichtet, jedoch von deren *konkretem* Eintritt unabhängig[92]. Andererseits ist die Auflage nach § 5 Abs. 1 Nr. 3 nur dann zulässig, wenn dargetan wird, daß *konkret* schädliche Umwelteinwirkungen verhindert werden[93].

Gleichwohl wird pauschal behauptet, Verpflichtungen aus Verordnung nach § 23 BImSchG seien stets möglicher Gegenstand von Auflagen[94].

Dem kann schon im Hinblick auf den Tatbestand des § 5 Abs. 1 Nr. 3 nicht gefolgt werden. Vielmehr bleibt die Durchsetzung der VO-Pflichten beim *Betrieb* wie schon bei der Erteilung von Ausnahmen in der Hand der Immissionsschutzbehörde. Sie ist auf § 24 Satz 1 BImSchG zu stützen. Wie dargelegt, ist das GastG im Hinblick auf die Tatbestände der VOen gerade *nicht* lex specialis; sofern die Vollzugsnormen des BImSchG diese Tatbestände *aufgreifen* (§ 24 Satz 1: „Zur Durchführung ... der auf dieses Gesetz gestützten Rechtsverordnungen"), kann das GastG sie daher *nicht* verdrängen[95]. Für die *bundesrechtlichen* ImmissionsschutzVOen gilt daher § 5 Abs. 1 Nr. 3 GastG nicht, weil und solange sie keine konkreten Schutzvorschriften enthalten. Soweit allerdings landesrechtliche Verordnungen aufgrund § 23 *Abs. 2 konkrete*

---

91 Dies gilt auch, sofern VOen *Schutz*vorschriften (also *Immissions*regelungen) enthalten.

92 s. o. 4. unter Hinweis auf § 8 — 1. BImSchV —; zur Zulässigkeit dieser weitgehenden Regelung oben § 4 II der Untersuchung.

93 *Michel / Kienzle*, § 5 Rn. 14.

94 *Michel / Kienzle*, § 31 Rn. 2; *Hoffmann / Seitter*, § 4 Anm. 8.

95 Zu undifferenziert daher *Jarass*, vor § 22 Rn. 8, der eine „völlige Verdrängung" des § 24 behauptet; höchst eigenwillig *Kutscheidt*, in: LR III, § 2 Rn. 14, der wegen *Spezialität* des GastG annimmt, §§ 24, 25 seien „wenn auch nicht de jure, so doch de facto" (!?) ausgeschlossen. Zu Recht vorsichtig *Feldhaus*, § 22 Anm. 13: § 24 „insoweit" nicht anwendbar, als er hinter Spezialvorschriften des GastG zurücktritt. Teilweise zutreffend, wenn auch insgesamt zu weit gehend, gem. Runderlaß NW v. 15. 5. 1975, MBl. NW 1975, 1098, wonach § 5 Abs. 1 Nr. 3 GastG und § 24 nebeneinander anzuwenden sind.

Schutzvorschriften enthalten, werden diese vom Tatbestand des § 5 Abs. 1 Nr. 3 erfaßt[96].

b) Die *Untersagungsvorschrift des § 25 Abs. 1* ist *teilweise auf Gaststätten anwendbar*, sofern eine Anordnung zur Durchführung einer nicht nach GastG vollziehbaren Rechtsverordnung nicht befolgt wurde (s. vorstehend).

Im übrigen gelten §§ 5, 15 Abs. 3 Nr. 2 GastG (Widerruf wegen nicht erfüllter Auflage). Die vorübergehende Untersagung des § 25 Abs. 1 ist insoweit *nicht als „abgestufteres Mittel" neben § 15 Abs. 3 GastG* anzuwenden[97].

Die zeitliche Beschränkung kann vielmehr mit den Mitteln des Verwaltungsverfahrensrechts auch bei § 15 erreicht werden. Zunächst ist klarzustellen, daß es sich bei der Untersagung „bis zur Erfüllung der Anordnung" (§§ 25 Abs. 1 i. V. m. 24 BImSchG) nicht um eine "befristete" Maßnahme i. S. des VwVfG handelt. Es liegt nämlich mit dem Merkmal „Erfüllung der Auflage" ein *ungewisses* künftiges Ereignis vor. Daher ist die Untersagung durch die Erfüllung der Anordnung *auflösend* bedingt[98]. Diese Möglichkeit steht der Gaststättenbehörde über § 36 Abs. 2 Nr. 2 VwVfG i. V. m. § 15 Abs. 3 Nr. 2 GastG (auflösend bedingter, d. h. vorübergehender Widerruf)[99] gleichfalls zur Verfügung. Es bedarf daher keiner Lückenausfüllung aus dem BImSchG.

c) Die *Untersagung nach § 25 Abs. 2* BImSchG wegen (immissionsbedingter) Gefährdung von Menschen oder bedeutenden Sachwerten ist allerdings auf Gaststätten uneingeschränkt anwendbar. Insofern fehlt es der Regelung des GastG sowohl an der Tatbestands- wie an der Rechtsfolgenspezialität: Der *Tatbestand* der *unmittelbaren Gefahr* ist weder in § 5 noch in § 15 in dieser konkreten Form enthalten, die *Rechtsfolge* der *sofortigen Untersagung* ebenfalls nicht. Das GastG enthält auch mit der Verweisung des § 31 auf die GewO keine dahingehende Regelung; die allein in Frage kommende Vorschrift des § 51 Abs. 1 GewO gilt *nicht* für Anlagen, soweit sie den Vorschriften des BImSchG unterliegen (§ 51 Abs. 1 Satz 3 GewO).

---

[96] Hierzu noch unten § 8; vgl. etwa §§ 1 Abs. 2 i. V. m. 2, 3, 4 berlLärmVO v. 1. 8. 1974, berlGVBl. 1980, 976.

[97] So aber *Michel / Kienzle*, § 31 Rn. 2.

[98] Vgl. BVerwGE 60, 269/275 (offengelassen).

[99] Der Widerruf ist *kein* bedingungsfeindlicher VA. Dies ergibt sich schon aus der umgekehrten Möglichkeit der Gestattung unter Widerrufsvorbehalt (§ 12 GastG) und aus der Zulässigkeit der vorübergehenden Untersagung nach § 25 Abs. 1 BImSchG sowie des zeitlich eingeschränkten Widerrufs nach § 21 Abs. 3 BImSchG, entscheidend aber aus der *Zulässigkeit einer bedingten Erlaubnis* (vgl. *Michel / Kienzle*, § 3 Rn. 27 f.). Ist diese Erlaubnis nicht bedingungsfeindlich, so kann es auch ihr Widerruf als actus contrarius nicht sein.

§ 25 Abs. 2 ist daher gegenüber Gaststätten anzuwenden[100]. Die zuständige Behörde ist die Immissionsschutzbehörde, sofern nicht das Landesrecht die Zuständigkeit einheitlich regelt (was auch im Hinblick auf § 24 Satz 1 i. V. m. § 23 Abs. 1 zweckmäßig wäre)[101].

6. *Für sperrzeitbedingte Immissionsschutzfragen* sind kraft ausdrücklicher Ermächtigung (§ 18 GastG) die *landesrechtlichen Verordnungen maßgeblich*[102]. Bei der Auslegung des „öffentlichen Interesses" können die Landesregierung bzw. die im Einzelfall zuständige Behörde auch von den Regelungen des BImSchG *abweichen*[103].

7. Die *Verordnungsermächtigungen von BImSchG und GastG* sind wie folgt anzuwenden:

Spezielle Regelungen gegenüber dem BImSchG sind §§ 4 Abs. 3 (Beschaffenheit der Räume), 18 Abs. 1 (Sperrzeit) GastG.

Gegenüber dem GastG speziell ist, wie dargelegt, § 23 Abs. 1, da §§ 4 Abs. 1 Nr. 3, 5 Abs. 1 Nr. 3 GastG nur eine dem § 22 BImSchG entsprechende Regelung enthalten.

Das bedeutet konkret, daß die Landesregierungen aufgrund § 23 Abs. 2 spezifisch immissionsschutzrechtliche Anforderungen an Gaststätten auch über den Bereich der Sperrzeitregelung hinaus bestimmen könnten, solange eine solche VO nicht von der Bundesregierung erlassen ist. Von dieser Möglichkeit ist, soweit ersichtlich, noch nicht Gebrauch gemacht worden. Die entsprechenden Regelungen wären zweckmäßigerweise mit dem Text der bestehenden GastVOen (aufgrund § 4 Abs. 3 GastG) zu verbinden und die Vollzugszuständigkeit einheitlich zu normieren.

IV. §§ 22 ff. und GewO

1. *§§ 22 ff. BImSchG und §§ 24 ff. GewO* (Überwachungsbedürftige Anlagen) stehen selbständig nebeneinander.

Spezialität des BImSchG besteht insofern, als Gefahren i. S. der §§ 24 ff. *nicht* solche i. S. des BImSchG sind, also keine Immissionen, die die *Nachbarschaft* erreichen. § 24 GewO regelt daher den *„Schutz der*

---

[100] *Hoffmann / Seitter*, § 4 Anm. 8; im Ergebnis auch *Michel / Kienzle*, § 3 Rn. 27 f.

[101] s. o. 5 a; vgl. schon zur Untersagung von baugenehmigungspflichtigen Anlagen nach § 25 Abs. 2 BImSchG oben II, 5 a. E. und Fn. 69 mit Hinweis auf *Sellner*, NJW 1976, 265 ff.

[102] *Michel / Kienzle*, § 3 Rn. 27 f.

[103] Vgl. BVerwG, GewArch. 1977, 24/27: BImSchG nur Ermessensgesichtspunkt.

Beschäftigten" auch in bezug auf Immissionen, denn Beschäftigte gehören nicht zur Nachbarschaft[104]. Der Schutz Dritter wird nur in bezug auf sonstige Gefahren geregelt. Eine Kollision beider Gesetze ist daher nicht denkbar[105]; sie finden auf die in § 24 Abs. 3 GewO aufgezählten Anlagen kumulativ Anwendung.

Daher ist auch der Vollzug getrennt. § 24 Satz 2 BImSchG läßt jedoch immissionsschutzrechtliche Maßnahmen entfallen, wenn deren *Ziel* auch durch Maßnahmen des Arbeitsschutzes erreicht werden kann. Dies ist z. B. dann der Fall, wenn die arbeitsschutzrechtliche erforderliche Schalldämpfung[106] oder Abgasfilterung gleichzeitig die Immissionsbelastung der Umgebung vermindert.

2. *§§ 22 ff.* gelten auch für *Singspiele (§ 33 a GewO)* und *Spielhallen (§ 33 i GewO)*, werden jedoch von den jeweils spezielleren Pflichtennormen (§§ 33 a Abs. 2 Nr. 3, 33 i Abs. 2 Nr. 3) verdrängt[107]. Insofern kann auf die Ausführungen zu der gleichlautenden Norm des § 4 Abs. 1 Nr. 3 GastG verwiesen werden.

Die Verordnungen nach § 23 Abs. 1 BImSchG sind bei der Erlaubnis *zu beachten*, werden aber gesondert vollzogen (§ 24 Satz 1 BImSchG).

V. §§ 22 ff. und Abfallbeseitigungsanlagen

§§ 22 ff. gelten schließlich für *Abfallbeseitigungsanlagen*, sofern diese ausnahmsweise nicht nach §§ 4 ff. genehmigungsbedürftig sind (vgl. § 2 Nr. 2 — 4. BImSchG —)[108].

---

104 *Jarass*, § 3 Rn. 18; *Schmatz / Nöthlichs*, § 3 Anm. 1; *Fröhler / Kormann*, GewO, § 24 Rn. 4.

105 Nicht klar wird, was *Feldhaus* mit „Spezialvorschriften" der § 24 ff. GewO meint, die den §§ 22 ff. vorgehen sollen (§ 22 Anm. 14). Die VOen nach §§ 24 ff. GewO sind eben kraft Gesetzes nur auf den Arbeitsschutz und sonstige, nicht immissionsbezogene Gefahren beschränkt; gehen sie über diesen Anwendungsbereich hinaus, so sind sie insofern teilnichtig.

106 Vgl. Begr. BT-Dr. 7/179, 40.

107 *Feldhaus*, § 22 Rn. 13; *Jarass*, vor § 22 Rn. 8.

108 *Feldhaus*, § 22 Rn. 15: z. B. Mülldeponien. Die Beachtung der Grundpflichten ist im Planfeststellungsverfahren zu gewährleisten. Bei der immissionsschutzrechtlichen Überwachung nach §§ 24, 25 ist der PFB zu beachten. Landesrechtliche Befugnisnormen können mangels ausdrücklicher Ermächtigung den § 24, 25 *nicht* vorgehen. Mißverständlich daher z. B. Art. 12 BayAbfG.

§ 8. §§ 22 ff. und öffentlich-rechtliche Vorschriften der Länder

Während im vorangegangenen Teil der Untersuchung ein Kernpunkt die grundsätzliche Gleichrangigkeit der kollisionsgefährdeten Normen war, treten nun Fragen im Verhältnis der vorrangigen Bundesgesetzgebung und der nachrangigen Landesgesetzgebung in den Vordergrund.

Fraglich ist, inwieweit die §§ 22 bis 25 BImSchG bestehendes Landesrecht verdrängt, den Erlaß neuen Landesrechts verhindert haben.

Zusätzlich zur landesrechtsbezogenen Auslegung der Öffnungsklausel in § 22 Abs. 2 sind daher die verfassungsrechtlichen Vorgaben des Art. 72 GG zu erörtern, der für die Ausübung der Bundeskompetenz maßgeblich ist (konkurrierende Gesetzgebung).

I. Das Verhältnis von Bundes- und Landesimmissionsschutzrecht

1. Der Geltungsbereich des Landesrechts wird in erster Linie „von außen" durch die Kompetenzvorschriften der *Art. 72 I, II, 74 Nr. 24 GG* beschränkt. Danach steht dem Bund die konkurrierende Gesetzgebung zum Schutz vor Luftverunreinigungen und Lärm zu. (Soweit das BImSchG sich unter Zustimmung der h. M. auch auf sonstige Immissionen „wirtschaftlicher" Anlagen erstreckt, mußte bereits zu Beginn der Untersuchung aus systematischen Gründen ein Verfassungsverstoß angenommen werden[1].)

Den Ländern verbleibt die Gesetzgebungsbefugnis, soweit und solange nicht die Voraussetzungen des Art. 72 GG vorliegen. Im folgenden ist daher dazu Stellung zu nehmen, inwieweit der Bund von seiner Kompetenz *Gebrauch* gemacht hat[2] und inwieweit hierfür ein *Bedürfnis* bestand[3]. Schließlich sind die verfassungsrechtlichen Konsequenzen für die früher und die neu erlassenen Landesimmissionsschutzgesetze darzustellen.

---

[1] s. o. § 1 II 2 - 5.

[2] s. u. 2.

[3] s. u. 3.

2. Kernpunkt der Erörterung ist die Frage, inwieweit die §§ 22 ff. ein *„Gebrauchmachen"* i. S. von Art. 72 Abs. 1 GG darstellen.

Ein „Gebrauchmachen" mit der Folge, daß die Landeskompetenz erlischt, wird nach allgemeiner Meinung dann angenommen, wenn die bundesrechtliche Regelung *abschließend* ist, wenn eine „erschöpfende" Regelung vorliegt[4]. Dies ist einer „Gesamtwürdigung des betreffenden Normenkomplexes zu entnehmen"[5]. Hierzu ist zu bemerken, daß das BImSchG insgesamt eine umfassende Neuregelung darstellen sollte, und zwar *gerade auch für die n. g. Anlagen.* Die vor dem BImSchG bestehende landesrechtliche Regelungskompetenz für n. g. Anlagen wurde ausdrücklich als *unzweckmäßig* und der *Wettbewerbsgleichheit* abträglich bezeichnet[6]. *Rechtsunsicherheit* und *unterschiedliche Handhabung* wurden kritisiert[7].

Der Bundesrat erreichte — offenbar um die Landeskompetenz besorgt — die Einfügung des § 22 Abs. 2, wonach weitergehende öffentlich-rechtliche Vorschriften „unberührt" bleiben. Dieser Zusatz sollte der „Klarstellung" dienen[8].

Gleichwohl bildeten sich zur Auslegung des § 22 Abs. 2 zwei diametral entgegengesetzte Meinungen heraus.

Nach einer Auffassung soll nach § 22 Abs. 2 dem Landesgesetzgeber der gesamte Immissionsschutz nicht genehmigungsbedürftiger Anlagen zur (weitergehenden) Regelung offenstehen: „Gerade dies ist eine Domäne der landesrechtlichen Vorschriften[9]." Als „weitergehend" wurden dabei sogar solche Untersagungsvorschriften des Landesrechts anerkannt, deren Voraussetzungen sich „eher feststellen (lassen), als das Vorliegen sämtlicher Voraussetzungen des für die praktische Anwendung nicht einfach formulierten § 25 Abs. 2 BImSchG"[10].

Nach dieser Meinung wäre der Landesgesetzgeber nicht nur zum anlagenbezogenen Immissionsschutz berechtigt, sondern — zur kompetenzrechtlichen Absicherung — gerade zu besonders weitgehenden immissionsschutzrechtlichen Regelungen.

---

[4] BVerfGE 1, 283/298; 56, 110/119 u. st. Rspr.

[5] BVerfGE 36, 193/211.

[6] Begr. des RegE, BT-Dr. 7/179, 25.

[7] Ebd.

[8] Bundesrat in: BT-Dr. 7/179, 54; zur Bewertung dieser Absichtserklärung vgl. schon oben § 7 Fn. 4.

[9] So *Kutscheidt*, NVwZ 1983, 65/69; s. a. OVG Münster, DVBl. 1979, 317 ff.

[10] OVG Münster ebd., 319; dieser Begründung ist allerdings schärfstens zu widersprechen. Der Schwierigkeitsgrad der Anwendung kann nicht über die Anwendbarkeit entscheiden.

Der besonders länderfreundlichen Auslegung des § 22 Abs. 2 steht allerdings eine mittlerweile zahlenmäßig überwiegende Auffassung gegenüber, die §§ 22 Abs. 1, 23 ff. BImSchG als abschließende Regelung des anlagenbezogenen Immissionsschutzes versteht. Nachdem § 22 Abs. 2 nur der „Klarstellung" dient, kann er an diesem Befund nichts ändern. Danach verbleiben den Ländern also nur *nicht anlagenbezogene* Immissionsschutzrechtliche und solche Regelungen, die sich zwar auf Anlagen auswirken, aber anderen „Materien" als dem Immissionsschutz angehören[11].

Will man sich im Rahmen einer Gesamtwürdigung des BImSchG für die eine oder andere Ansicht entscheiden, so ist § 22 Abs. 2 im Zusammenhang auszulegen.

Aus seinem *Wortlaut* („weitergehende Vorschriften") kann weder die eine noch die andere Auffassung mit Gewißheit begründet werden; immerhin deutet sich darin ein *un*beschränkter Landesrechtsvorbehalt an.

Keinerlei Aufschluß über die *Reichweite* des § 22 Abs. 2 gibt die Formulierung „bleiben unberührt". Diese Wendung wird herkömmlich in bezug auf Landesrecht so gedeutet, daß damit sowohl bestehende Landesgesetze erhalten als auch neue Landesgesetze zugelassen werden[12].

Damit ist aber nur die zeitliche Erstreckung eines (möglichen) Landesrechtsvorbehalts umschrieben; sein gegenständlicher Umfang ist anderweitig zu ermitteln[13]. Zieht man nun die den § 22 Abs. 2 umgebenden Regelungen heran, so tendieren diese schon nach historischer Auslegung zu einer *engen* Handhabung des Vorbehalts[14], insofern sie eine abschließende Regelung enthalten sollten.

Besonders deutlich wird die Fragwürdigkeit der „weiten" Auslegung des § 22 Abs. 2, wenn man sich die *speziellen* Landesrechtsvorbehalte vergegenwärtigt. Hiernach ist der Landesverordnunggeber zu speziell anlagenbezogenen Anforderungen nach § 23 Abs. 2 und zu gebietsbezogenen Regelungen nach § 49 Abs. 1 ermächtigt. Ferner bleiben landesrechtliche Ermächtigungen für die Gemeinden zum Erlaß von orts-

---

11 *Feldhaus*, § 22 Anm. 19: Landesrecht komme nur zur Anwendung, soweit menschliches Verhalten geregelt wird, das sich nicht in der Errichtung und dem Betrieb von Anlagen verwirklicht, oder soweit das BImSchG Landesrecht ausdrücklich zuläßt (§§ 23 Abs. 2, 40, 49); *Götz*, Ordnungsrecht, 190; *Jarass*, § 22 Rn. 13 u. Einl. Rn. 4 ff.; *Martens*, DVBl. 1981, 597/607; *Sellner / Löwer*, WiVerw. 1980, 221/227.

12 BVerfGE 7, 110/124 (Art. 3 EGBGB).

13 Insofern nicht ganz überzeugend *Jarass*, § 22 Rn. 13, der hierauf gerade das *Fehlen* eines Landesrechtsvorbehalts stützen will.

14 s. vorstehend zur Entstehungsgeschichte der §§ 22 ff., insbesondere auch des § 22 Abs. 2.

rechtlichen Vorschriften unberührt (§ 49 Abs. 3). Weiterhin werden nach § 66 Abs. 3 landesrechtliche Verordnungen aufrechterhalten. Diese Spezialermächtigungen und Vorbehalte sind schwer zu erklären, wenn die Länder gemäß § 22 Abs. 2 ohnehin umfassende Regelungskompetenzen behalten sollen[15]. Die Spezialvorbehalte sprechen daher zusätzlich für eine abschließende Regelung der §§ 22 ff.[16].

3. Die widersprüchliche Auslegung des § 22 Abs. 2 ist jedoch über die *Bedürfnisklausel* des Art. 72 Abs. 2 GG zu bereinigen. Danach ist zu ermitteln, ob §§ 22 ff. BImSchG auch bei weitem Landesrechtsvorbehalt noch der *„Wahrung der Rechts- oder Wirtschaftseinheit" (Art. 72 Abs. 2 Nr. 3 GG* dienen können.

Diesem Bedürfnis widerspricht allerdings ein landesrechtlicher Vorbehalt als solcher noch nicht. Eine verfassungswidrige „Doppelzuständigkeit" von Bund und Ländern mit der Folge, daß deren Gesetzgebungsbereiche nicht mehr abgegrenzt wären[17], tritt infolge der „Solange-und-soweit"-Klausel des Art. 72 Abs. 1, 2. HS GG auch bei weiter Auslegung des § 22 Abs. 2 (noch) nicht ein. Rechtsbegrifflich könnten danach Bundes- und Landesrecht immer anhand des Merkmals „weitergehend" bestimmt werden. Immerhin erscheint diese Lösung verfassungsrechtlich *bedenklich*[18], weil entgegen der Konzeption des Art. 72 Abs. 1 GG damit der Anwendungsbereich des Bundesrechts nicht mehr aus dem BImSchG, sondern aus dem „weitergehenden" Landesrecht zu ermitteln wäre.

Entscheidend ist aber, daß die §§ 22 ff. mit einer weiten Vorbehaltsklausel *nicht Rechtseinheit, sondern Rechtszersplitterung* bewirken würden.

Der Bund hätte damit eine Regelung getroffen, die auf eben ihrem Sachgebiet die landesrechtlich unterschiedlichen Rechtszustände konserviert und ihrer weiteren unterschiedlichen Entwicklung nicht im Wege stünde. Hierzu besteht aber gerade *kein* Bedürfnis[19].

Hiergegen kann nicht auf angeblich vergleichbare Vorbehaltsklauseln in anderen Bundesgesetzen hingewiesen werden.

---

15 Vgl. *Jarass*, § 22 Rn. 12.

16 Vgl. a. BVerfGE 20, 238/248; wenn *Kutscheidt* statt dessen zwischen § 22 Abs. 2 und § 23 Abs. 2 Überschneidungen in Kauf nimmt, „die der Gesetzgeber offensichtlich nicht bedacht hat", mit denen er das Konzept „gewissermaßen auf den Kopf gestellt" habe, so fragt man sich, warum sich *Kutscheidt* auch nach diesen Erkenntnissen noch einer systematischen Auslegung verschließt (vgl. *Kutscheidt*, NVwZ 1983, 65/70).

17 Hiergegen sehr deutlich BVerfGE 36, 193/202 (Zeugnisverweigerungsrecht).

18 Zu weitgehend (Verfasungswidrigkeit): *Sellner / Löwer*, WiVerw. 1980, 221/227.

19 Vgl. *Maunz*, in: M-D-H-S, Art. 72 Rn. 12.

Von ganz anderer Qualität als der (weit ausgelegte) § 22 Abs. 2 sind insbesondere die Vorbehalte des EGBGB, die den unter Vorbehalt gestellten bundesrechtlichen Regelungen den eigenen Anwendungsbereich *belassen* und (allenfalls) ergänzende Regelungen zulassen[20]. Neben einem *anlagenbezogenen* weitergehenden Landesgesetz hätte § 22 Abs. 1 aber keinen eigenen Anwendungsbereich mehr.

Noch instruktiver, weil die weite Auslegung des Vorbehalts gerade in Frage stellend, ist der Hinweis auf § 1 Abs. 3 VwVfG — Bund. Diese Vorschrift läßt die Geltung des VwVfG — Bund im Bereich des Art. 83 GG[21] dann entfallen, wenn ein Landes-VwVfG existiert. Hierauf beruft man sich nun, um die Verfassungsmäßigkeit auch des „weiten" § 22 Abs. 2 BImSchG zu untermauern[22].

Gerade zu § 1 Abs. 3 VwVfG-Bund wird aber zu Recht ein Minimum an Rechtsklarheit gefordert. Danach können nur vollständige (kodifizierte) LandesVwVfGe das Bundesgesetz verdrängen[23] und auch dies nur entweder insgesamt oder gar nicht, so daß im Ergebnis stets klar sein muß, daß nur *ein* Gesetz Anwendung findet[24].

Dem liegen primär Erfordernisse der Rechtsklarheit zugrunde[25]. Damit erscheint die zweifelhafte Auslegung des § 22 Abs. 2 schon als möglicherweise zu unbestimmt. Jedenfalls kann aber Rechtsunklarheit niemals zu *Rechtseinheit* führen. Darüber hinaus stand bei der Entstehung der §§ 22 ff. die *Wirtschaftseinheit* (Wettbewerbsgleichheit) im Vordergrund[26]. Dieses Bedürfnis kann aber nur erfüllt werden, wenn das Bundesrecht eine verbindliche *Obergrenze* für immissionsschutzrechtliche Anforderungen setzt. Nach *weiter* Auslegung des § 22 Abs. 2 soll jedoch diese Grenze gerade nicht bestehen, sondern von Landesgesetzen regional unterschiedlich angehoben werden können.

Die §§ 22 ff. können schließlich auch *nicht* als *„Rahmenvorschriften"* mit einem weiten Landesrechtsvorbehalt in Übereinstimmung gebracht werden. Zwar soll es dem Bund nicht verwehrt sein, sich auch auf dem Gebiet der konkurrierenden Gesetzgebung auf Rahmenrecht zu beschränken[27].

---

[20] Typisch Art. 124 EGBGB („noch andere ... Beschränkungen" im Nachbarrecht); hierzu Anm. 1 bei *Palandt / Bassenge:* keine *Änderung* des BGB.

[21] Ausführungen von Bundesgesetzen durch die Länder.

[22] *Kutscheidt*, NVwZ 1983, 65/69.

[23] *Obermayer*, VwVfG, § 1 Rn. 62: Keine rudimentären Landesregelungen; ebenso *Meyer / Borgs*, VwVfG, § 1 Rn. 20.

[24] *Knack, VwVfG*, § 1 Rn. 9; *Obermayer*, VwVfG, § 1 Rn. 65.

[25] *Obermayer*, VwVfG, § 1 Rn. 65.

[26] BT-Dr. 7/179, 25.

[27] *Maunz*, in: M-D-H-S, Art. 72 Rn. 8; a. A. *Rudolf*, AöR 88 (1963), 159/182.

In diesem Fall muß aber kraft Bundesgesetzes geregelt sein, wie weit der *Rahmen* reicht und inwieweit *unmittelbar* geltendes Bundesrecht vorliegen soll[28]. Bereits die Pflichtennorm des § 22 Abs. 1 soll aber *unmittelbar* gelten; die Vollzugsnormen §§ 24, 25 sind ebenfalls unmittelbar geltendes Recht. Selbst wenn man die Pflichtennorm nun als „Rahmen" auffaßt: Soweit weitergehendes Landesrecht vorliegt, bleibt ungeklärt, ob im Rahmen des Bundesrechts weitergehendes Landesrecht nach §§ 24, 25 vollzogen werden soll[29] oder nach landesrechtlichen Ermächtigungsnormen[30].

Fehlen landesrechtliche Befugnisnormen im LImSchG, so tritt nach der letztgenannten Auffassung (kein Vollzug nach § 24) eine weitere Aufsplitterung der Zuständigkeit ein; neben den Immissionsschutzbehörden und Gemeinden (§ 49 Abs. 3) können auch noch die allgemeinen Ordnungsbehörden anlagenbezogene Anordnungen treffen. Insofern wäre der Vollzug des Landesrechts nach § 24 vorzuziehen.

Andererseits widerspricht der Vollzug des Landesrechts nach § 24 dem Wortlaut dieser Vorschrift[31]. Auch hier zeigt sich, daß nur eine *eindeutige Trennung* von Bundes- und Landesrecht nach anlagenbezogenem bzw. verhaltensbezogenem Immissionsschutz den „heillosen Kompetenzwirrwarr" vermeiden und Rechtseinheit herstellen kann.

Die weite Auslegung des § 22 Abs. 2 ist daher aus historischen, gesetzessystematischen und verfassungsrechtlichen Gründen abzulehnen. Im Ergebnis verbleiben dem Landesgesetzgeber daher nur solche Regelungsbereiche, die von §§ 22 Abs. 1, 23 ff. BImSchG *nicht* abgedeckt sind. Eine „Konkretisierung" oder „Nachbesserung" der unbestimmten Rechtsbegriffe des § 22 Abs. 1 durch Landesgesetze ist ausgeschlossen, weil kompetenzwidrig[32].

4. Auszugehen ist daher von einer *unbeschränkten und ausschließlichen Geltung der §§ 22 ff. für die anlagenbezogene Luftreinhaltung und Lärmbekämpfung.*

---

[28] *Maunz*, GG, Art. 75 Rn. 21.

[29] So *Kutscheidt*, NVwZ 1983, 65/71.

[30] So (wohl) *Jarass*, § 24 Rn. 4.

[31] Die „weitergehenden Vorschriften" sind eben *nicht Bestandteil* des § 22 BImSchG. § 22 Abs. 2 kann also nicht nach § 24 „vollzogen" werden, wie *Kutscheidt*, NVwZ 1983, 65/71 meint.

[32] Vgl. hierzu BVerfGE 36, 193/200 ff.; BVerfGE 20, 238, 250; *Feldhaus*, § 22 Anm. 20. ferner *Leonhardt*, Konkurrierende Gesetzgebung, 36 ff./42 ff., der darlegt, daß auch unbestimmte Rechtsbegriffe Regelungen darstellen, deren Auslegung den Gerichten, nicht dem Landesgesetzgeber obliegt. A. A. im Ergebnis (konsequent) *Kutscheidt*, NVwZ 1983, 65/69, ohne allerdings zu klären, ob eine „Konkretisierung" eine „*weitergehende* Vorschrift" i. S. *seiner* Auslegung sein kann.

a) *Anlagenbezogen* ist jede *Regelung*, die sich auf Immissionen bezieht, die mit einer in § 3 Abs. 5 genannten Einrichtung wesensmäßig in örtlichem oder sachlichem Zusammenhang stehen, in ihr *gebündelt* sind[33].

Verhaltensbezogen ist dagegen eine Regelung, die sich auf Immissionen bezieht, die unmittelbar auf menschlichem (oder tierischem) Verhalten beruhen.

Nachdem die Errichtung und der Betrieb von Anlagen *auch* stets auf menschliches Verhalten zumindest zurückgehen, ist hinzuzufügen: Wegen der diesbezüglich abschließenden Regelung der §§ 22 ff. ist *dieses* „Verhalten" der Landesgesetzgebungskompetenz entzogen[34].

b) *Unbeschränkt zuständig* sind die *Länder* für sonstige *Immissionen*[35], nach h. M. allerdings nur bei nicht wirtschaftlichen Anlagen.

c) Ferner sind die Länder kraft ausdrücklicher und im Gegensatz zu § 22 Abs. 2 sachlich präzisierter Vorbehaltsregelung nach § 49 Abs. 3 kompetent, die Gemeinden zum Erlaß ortsrechtlicher Vorschriften zum Schutz vor Luftverunreinigungen und Lärm zu ermächtigen.

Allerdings ist mit diesem Vorbehalt notwendig die Pflicht der Landesgesetzgeber verbunden, entsprechend den in Art. 80 Abs. 1 Satz 2 GG niedergelegten Grundsätzen i. V. m. dem Rechtsstaatsprinzip auch Inhalt, Zweck und Ausmaß des Ortsrechts vorzugeben. Der Vorbehalt in § 49 Abs. 3 könnte nun dahingehend mißverstanden werden, daß die Länder über die ortsrechtliche Ermächtigung doch die abschließende Regelung der §§ 22 ff. nachbessern könnten. Damit würde die restriktive Auslegung des § 22 Abs. 2 unterlaufen. § 49 Abs. 3 ist aber aus systematischen Gründen auf den *Schutz bestimmter Gemeindegebiete* beschränkt. Dies entspricht seiner gesetzestechnischen Einbindung in die Gebietsschutzvorschriften der Absätze 1 und 2 des § 49. Die befürchtete Kompetenzerweiterung tritt daher mit § 49 Abs. 3 nicht ein[36].

Aus der „Unberührt"-Klausel ist wiederum zu schließen, daß § 49 Abs. 3 für bereits erlassene ebenso wie für künftige Ermächtigungen der Gemeinden gilt[37].

5. *Konsequenz für die landesrechtlichen Regelungen* ist, daß bei Kompetenzverstößen die Nichtigkeit der Landesgesetze eintritt, und zwar

---

[33] s. o. § 2 II, 4, 5 der Untersuchung.

[34] *Jarass*, § 22 Anm. 19. Zur Abgrenzung zwischen Betreiber und Benutzer s. o. § 2 II 4.

[35] s. o. § 1 III.

[36] Vgl. *Jarass*, § 49 Rn. 28.

[37] A. A. *Feldhaus*, § 49 Rn. 10, der aber die anderslautende st. Rspr. des BVerfG übersieht (s. o. Fn. 12).

für „alte" Landesgesetze ab Inkrafttreten des BImSchG; neuerlassene Landesgesetze werden insoweit nicht wirksam[38].

Im Ergebnis findet auch gleichlautendes Landesrecht keine Anwendung mehr. Sofern man allerdings bei alten LImSchGen auf Art. 31 GG abstellt[39], ergibt sich wieder die Streitfrage, ob auch gleichlautendes Landesrecht „gebrochen" wird.

Aus Gründen der Rechtsklarheit ist diese Frage zu bejahen; andernfalls besteht die Gefahr, daß aufgrund regional unterschiedlicher Handhabung[40] und v. a. wegen der fehlenden Revisibilität[41] des Landesrechts die angestrebte Rechtseinheit nicht eintritt[42].

II. Die kompetenzrechtliche Gültigkeit der einzelnen Landesimmissionsschutzgesetze

1. Das Bayerische Immissionsschutzgesetz vom 8. 10. 1974[43] enthält eine anlagenbezogene Verordnungsermächtigung der Gemeinden (Art. 10 Abs. 1 BayImSchG). Diese ist — abweichend vom Vorrang der §§ 22 ff. — zulässig gemäß § 49 Abs. 3. Zu ihrem Erlaß ist jedoch ein besonderes örtlich begrenztes Bedürfnis erforderlich. Art. 10 Abs. 1 ist in diesem Sinn (Gebietsschutz) bundesrechtskonform auszulegen[44]. Das Gleiche gilt für die Ermächtigung des Art. 14 BayImSchG.

Art. 11 BayImSchG (Schutz der Nachtruhe) ist hingegen *teilnichtig*, soweit er sich auf Anlagen bezieht. Der Schutz der Nachtruhe ist spezi-

---

38 Hierüber besteht im *Ergebnis* Einigkeit. Allerdings besteht nach wie vor Streit darüber, ob altes Landesrecht über Art. 70 ff. GG oder nach Art. 31 GG erlischt. Für Art. 31 GG: *Feldhaus*, § 22 Anm. 19; *Kutscheidt*, NVwZ 1983, 65/69; für Art. 31 *und* 72: *Sellner / Löwer*, WiVerw. 1980, 221/229. Schlicht von „Verdrängung" spricht *Stern*, I, 594 u. 596; „Erlöschen": *Hesse*, Grundzüge, 13. Zur Kontroverse *Maunz* gg. *v. Mangoldt* vgl. M-D-H-S, Art. 72 Rn. 1, Fn. 1 u. Art. 31 Rn. 21; vgl. a. BVerfGE 36, 342/362 ff.; allerdings zum Konflikt GG —Landesverfassung, daher hier nicht ergiebig.

39 s. Fn. 38.

40 *Menger*, VerwArch. 62 (1971), 75/78.

41 § 142 Abs. 1 Nr. 1 VwGO; hierin liegt der entscheidende Gesichtspunkt, denn die bloße Gefahr regional unterschiedlicher Handhabung droht *jeder* Rechtsnorm, wie auch *Menger*, VerwArch. 62 (1971), 75/78, zutreffend bemerkt.

42 *Beispiel:* Das BayObLaG stützt ein Bußgeld wegen Lärm aus einem Fuhrunternehmen auf das BayImSchG, obwohl nach dem Sachverhalt höchstwahrscheinlich *anlagenbezogene* Immissionen vorlagen (Verstoß gegen die allein anwendbaren §§ 22 ff. BImSchG). Der Verstoß gegen § 22 BImSchG ist aber gerade *kein* Bußgeldtatbestand (BayVBl. 1984, 347).

43 GVBl. 499; zul. geänd. d. G. v. 4. 5. 1982, GVBl. 236.

44 s. o. I 4 c.

fisch immissionsschutzrechtlich[45] und nicht etwa ein „anderes Rechtsgut“[46].

Art. 12 BayImSchG (Motoren) kollidiert nicht mit den §§ 22 ff., weil Kraftfahrzeuge *keine Anlagen* sind.

Art. 13 BayImSchG (Schallzeichen, Tonübertragung) ist insoweit anzuwenden, als keine Anlagen verwendet werden. Dies ist bei Radiogeräten etc. i. d. R. nicht der Fall[47].

Die Ausnahme des *Art. 13 Abs. 3* (Schallzeichen zum Zwecke der Religionsausübung) geht insofern ins Leere, als *Kirchenglocken* schon dem Geltungsbereich des *Abs. 1* entzogen sind[48]. Es bedarf daher keiner „Befreiung“ von Abs. 1. Wegen der abschließenden bundesrechtlichen Regelung kann Abs. 3 auch keine Befreiung von §§ 22 ff. BImSchG bewirken.

Art. 13 a (Abbrennen fester Stoffe) gilt wiederum nicht für Anlagen.

Die Konsequenz des z. T. eingeschränkten Geltungsbereichs der Art. 11 bis 13 a ist, daß *für n. g. Anlagen keine Geldbuße nach Art. 18 Abs. 2 i. V. m. Art. 11 bis 13 a* verhängt werden kann. Hier sind Owi-Tatbestände erst nach Nichterfüllung einer Anordnung nach § 24 Satz 1 *BImSchG* gegeben (§ 62 Abs. 1 Nr. 5).

2. Das *bremImSchG* vom 30. 6. 1970[49] ist in seinen §§ 4 bis 9 *gegenstandslos,* da diese sich sämtlich auf n. g. Anlagen beziehen[50]. Ein „Restbestand“ bleibt aber wiederum bestehen, soweit nach §§ 4 bis 9 *Erschütterungen* i. S. v. § 1 Abs. 2 bremImSchG geregelt sind[51]. Auch anlagenbezogene Verordnungsermächtigungen sind dem Landesgesetzgeber verwehrt (§ 5 bremLImSchG) wegen § 23 Abs. 1, 2 BImSchG[52].

---

45 Vgl. 2.231 TA Lärm; *Jarass,* § 3 Rn. 36.

46 Vgl. aber *Feldhaus,* § 22 Anm. 20 u. BayObLaG a. a. O. Wie hier (wohl) OVG Lüneburg, UPR 1984, 277 unter Hinweis auf 2.321 TA Lärm; siehe hierzu schon oben § 4 II 7.

47 s. o. § 2 IV 2 c.

48 s. o. § 2 III 3; BVerwGE 68, 62 ff.

49 GBl. 71; zul. geänd. d. G. v. 18. 12. 1974 (GBl. 351).

50 § 4 bremImSchG entfällt auch nach weiter Auslegung des § 22 Abs. 2 BImSchG, da er das Schutzprinzip an den Stand der Technik *und* die wirtschaftliche Zumutbarkeit knüpft und deshalb nicht „weitergehend“ ist; vgl. hierzu konsequent *Kutscheidt,* NVwZ 1983, 65/69.

51 Die h. M. (s. o. § 1 II) müßte diesen Geltungsbereich wiederum auf nicht wirtschaftliche Anlagen beschränken. Für wirtschaftliche Anlagen gilt hiernach das BImSchG auch für Erschütterungen (§ 22 Abs. 1 Satz 2), während nicht wirtschaftliche Anlagen hinsichtlich der Erschütterungen dem LImSchG unterliegen. Auch hier wird wieder deutlich, daß die klare Kompetenztrennung anhand von Art. 74 Nr. 24 GG (s. o. § 1) der h. M. schon aus praktischen Gründen vorzuziehen ist.

52 s. o. § 4 III u. BVerfGE 18, 407/417.

3. Das niedersächsische ImSchG vom 6. 1. 1966[53] kollidiert in seinen §§ 3 - 6 wie das bremLImSchG mit §§ 22 ff. und ist nur in bezug auf Erschütterungen wirksam. Die Gelegenheit zur Anpassung an das BImSchG wurde nicht genutzt[54].

4. Das nordrhein-westfälische LImSchG vom 18. 3. 1975[55] lehnt sich an die Begriffsbestimmungen des BImSchG an (§ 2).

§ 3 gibt eine allgemeine Verhaltensgrundregel ähnlich § 1 StVO, die nicht auf Anlagen bezogen und *insoweit* gültig ist.

Teilnichtig ist hingegen § 4. Hier wird die Landesregierung ermächtigt, durch RechtsVO den Betrieb bestimmter n. g. Anlagen wegen schädlicher Umwelteinwirkungen zu untersagen. Dies ist eine typische Nachbesserung des BImSchG. Es überzeugt nicht, wenn die Kompetenz des Landes dadurch gerettet werden soll, daß gesagt wird, das BImSchG regle nicht die Untersagung von Anlagen durch Rechtsverordnung[56]. Vielmehr ist wegen des abschließenden Charakters der §§ 22 ff. eben insofern ein beredtes Schweigen des Gesetzes anzunehmen. Ferner wird § 49 Abs. 1, 2 BImSchG übersehen. Dort ist die Untersagung von Anlagen durch RechtsVO der Landesregierung abschließend und differenziert geregelt. Für Ermächtigungen durch Landesgesetz ist daneben kein Raum[57].

§ 5 nwLImSchG (ortsrechtliche Vorschriften) ist durch § 49 Abs. 3 BImSchG gedeckt. Er entspricht dem Vorbehalt des § 49 sogar genauer als Art. 10, 14 BayImSchG, weil hier die besondere Schutzbedürftigkeit eines Gebiets Tatbestandsvoraussetzung ist.

Zu § 9 (Schutz der Nachtruhe) ist auf Art. 11 BayImSchG zu verweisen (keine Geltung für Anlagen)[58].

Zu § 10 (Tongeräte) wird auf Art. 13 BayImSchG verwiesen[59].

Gesetzgebungstechnisch geschickt ist § 13 nwLImSchG, der die §§ 22 Abs. 1, 24, 25 BImSchG auch für nicht wirtschaftliche Anlagen für anwendbar erklärt, soweit sonstige Immissionen betroffen sind[60]. Aller-

[53] GVBl. 1; geänd. d. G. v. 2. 12. 1974, GVBl. 535.

[54] s. o. Fn. 51. Zu § 3 ndsLImSchG gilt das zu § 4 bremImSchG Gesagte. Er ist auch bei weitem Vorbehalt nichtig, s. o. Fn. 50.

[55] GVNW 232; zul. geänd. d. G. v. 18. 9. 1979, GVNW 552.

[56] *Lohse*, JuS 1975, 541 ohne nähere Begründung.

[57] Vgl. Fn. 52.

[58] Zu Recht zweifelnd *Kutscheidt*, wegen des abweichenden Zeitraums der Nacht (LR III, § 3 Rn. 16); a. A. (voll wirksam) OVG Münster, DVBl. 1979, 317 f.

[59] Auch hier gelten § 22 ff., soweit Anlagen betroffen sind; unrichtig daher OVG Münster, BRS 39 (1982), 100 (Glockenspiel).

[60] Zum Begriff der sonstigen Immissionen oben § 1 I.

dings sollte aus verfassungsrechtlichen Gründen diese dynamische Verweisung in eine statische umgewandelt werden, da ansonsten eine bundesstaatswidrige Entäußerung landesgesetzlicher Kompetenzen vorliegt[61].

5. Zum rheinland-pfälzischen LImSchG vom 28. 7. 1966[62] gilt das zum bremLImSchG Gesagte.

III. Landesrechtliches Verordnungsrecht

Zum *landesrechtlichen Verordnungsrecht* ist auf § 66 Abs. 2 BImSchG zu verweisen (Fortgeltung). Im übrigen wurde bereits eine Verordnung auf § 23 Abs. 2 gestützt[63]. Wegen der weitgefaßten Ermächtigung des § 23 Abs. 2 treten hier keine Kompetenzprobleme auf, so daß auf eine weitere Darstellung verzichtet werden soll.

IV. §§ 24, 25 und polizeirechtliche Generalklausel

Ausgehend von der engen Auslegung des § 22 Abs. 2 ist für weitergehende anlagenbezogene Polizeipflichten neben § 22 kein Raum.

Es fragt sich aber, ob neben § 25 Abs. 2 eine Untersagung wegen verursachter Gefahren aufgrund der polizeirechtlichen Generalklausel in Betracht kommt.

Dies ist unzweifelhaft bei sonstigen, nicht immissionsbedingten Gefahren der Fall, für die im Rahmen der Regelung nicht genehmigungsbedürftiger Anlagen keine Gesetzgebungskompetenz besteht[64].

Das BVerwG hat dies aber im Fall einer anzeigepflichtigen Anlage auch hinsichtlich von Immissionsgefahren bejaht[65].

Dem wird jedoch überwiegend nicht gefolgt. Vielmehr werden §§ 22 ff., insbesondere §§ 24, 25, als abschließende Regelung angesehen[66].

---

61 Vgl. BVerfGE 33, 125/157; 47, 285/315 wonach „dynamisch" nur auf voraussichtlich unveränderte Gesetze verwiesen werden darf.

62 GVBl. 211; zul. geänd. d. G. v. 5. 11. 1974, GVBl. 469.

63 s. o. 2.

64 Z. B. berlLärmbekVO i. d. F. v. 4. 5. 1980, GVBl. 976.

65 BVerwGE 55, 118/122 ff.; so offenbar auch *Schmatz / Nöthlichs*, § 22 Anm. 9; ausdrücklich auch *Jarass*, § 25 Rn. 1.

66 *Feldhaus*, § 25 Anm. 4; *Götz*, 196; *Kutscheidt*, NVwZ 1983, 65/90 und in: *Salzwedel*, Grundzüge, 237/286; *Martens*, in: Drews / Wacke / Vogel / Martens, Bd. 2, 59; *ders.*, DVBl. 1981, 597, 607. Polizeirecht „schwerlich" anwendbar: *Sendler*, WiVerw. 1977, 94/109; *Schenke*, DVBl. 1976, 740/747.

Die Argumentation des BVerwG kann nicht völlig überzeugen. Das Gericht befaßt sich hauptsächlich mit der Legalisierungswirkung der Anzeige — die es allerdings verneint[67] — und sieht in ihr kein Hindernis für ein ordnungsbehördliches Einschreiten. Den allgemein anerkannten Grundsatz von der Subsidiarität der Generalklausel[68] erwähnt das Gericht nur zu Anfang und stellt demgemäß die Frage, ob §§ 17 ff., 24 f. die Generalklausel ausschließen. Diese Untersuchung bricht ab mit der Feststellung, § 17 erweise sich für die Beantwortung dieser Frage als „unergiebig"[69]. Dem hier interessierenden § 25 spricht das BVerwG die Ausschlußwirkung ab, weil er sich sonst als Schutzvorschrift gegenüber dem Polizeirecht erweise und ein Einschreiten im Vergleich zur früheren Rechtslage erschwere[70].

Diese Auffassung wird in der Literatur mit der Begründung unterstützt, daß §§ 24, 25 keine abgestufte Regelung enthielten, bei der eine Vermutung für den abschließenden Charakter spreche[71].

Den Ausführungen des BVerwG muß zunächst entnommen werden, daß für bestimmte Einzelanordnungen § 24 eine *abschließende* Regelung enthält; insofern wird die frühere Rechtslage verschärft, weil schon gegen *Belästigungen* eingeschritten werden kann.

Doch auch § 25 muß als abschließende Regelung angesehen werden. Zwar stellt natürlich die Untersagungsvorschrift keine „Schutzvorschrift" zugunsten des Betreibers im eigentlichen Sinne dar. Da aber das BImSchG als Spezialgesetz gegenüber dem allgemeinen Ordnungsrecht differenzierte Regelungen trifft, ist es selbstverständlich, daß diese Differenzierung teilweise auch zugunsten des Betreibers wirken kann. Dies verwundert um so weniger, als der Gesetzgeber von der grundsätzlichen Zulässigkeit auch emittierender Betriebe ausging[72].

Ferner ist nicht zu erkennen, wie aus der abschließenden Geltung des § 25 eine unerträgliche Erleichterung des Betriebs erwachsen soll; insbesondere wird nicht klar, warum eine Untersagungsmöglichkeit bei bloßen Belästigungen oder Gefahren für Tiere, Pflanzen und andere Sachen, soweit diese keinen bedeutenden Wert besitzen[73], unerläßlich sein soll. Hier wird regelmäßig zunächst eine Anordnung ausreichen. Je höher die Belästigungen sind, desto kürzer kann die Frist zur Be-

---

67 Vgl. o. § 2 V 2.

68 *Martens*, Bd. 2, 54; *Götz*, 196; *Wolff / Bachof*, Bd. III, 60; *Scholler / Broß*, 109.

69 BVerwGE 55, 118/122.

70 Ebd.

71 *Jarass*, § 25 Rn. 1.

72 BT-Dr. 7/179, S. 38.

73 § 25 Abs. 2 e contrario.

folgung der Anordnung gesetzt und so die Untersagung nach § 25 Abs. 1 ermöglicht werden. Der „Schutzeffekt" des § 25 Abs. 2 stimmt also mit den Wertungen des Gesetzes durchaus überein.

Schließlich ist es nicht nachzuvollziehen, warum §§ 24, 25 nicht „abgestuft" sein sollen. Die Folge: Anordnung — vorübergehende Untersagung bei Nichterfüllung — sofortige Untersagung bei Gefahren stellt sehr wohl ein abgestuftes und deshalb auch abschließendes Instrumentarium dar.

§§ 24, 25 sind daher mit der überwiegenden Meinung[74] als abschließende Spezialregelung gegenüber der polizeirechtlichen Generalklausel anzusehen.

Allerdings gilt dies nicht für unaufschiebbare Maßnahmen, für die eine Notkompetenz der Sicherheitsbehörde unabhängig von Spezialgesetzen anzunehmen ist[75]. Im Hinblick auf die regelmäßig erforderlichen Vorermittlungen (Messungen) bei immissionsbezogenen Maßnahmen wird diese Notkompetenz für unaufschiebbare Maßnahmen aber wenig praktische Bedeutung erlangen[76].

V. §§ 24, 25 und bauordnungsrechtliche Überwachung

Häufig stellen Errichtung und Betrieb von n. g. Anlagen Tatbestände dar, die grundsätzlich der baurechtlichen Überwachung unterliegen[77].

Hierbei stellt sich die Frage, inwieweit die speziellen Untersagungsnormen des Bauordnungsrechts[78] oder die bauordnungsrechtliche Generalklausel[79] neben §§ 24, 25 BImSchG Anwendung finden. Die Bauordnungsbehörde soll hier zur Wahrung der gesamten öffentlichen Sicherheit und Ordnung, nicht nur des Baurechts, befugt sein[80].

Auch hier sind allerdings die vorstehend dargestellten Grundsätze der Kompetenz- und Funktionentrennung zu beachten.

Soweit Errichtung und Betrieb von Anlagen *auch* baurechtlich illegal sind, kann die Bauaufsicht einschreiten. Soweit aber ausschließlich Ver-

---

[74] s. o. Fn. 66.

[75] Allgemeiner Rechtsgrundsatz, vgl. *Martens*, DVBl. 1981, 597/604 m. w. N. s. a. BVerwG 55, 118/123 und *Schmatz / Nöthlichs*, § 22 Anm. 9.

[76] *Martens*, DVBl. 1981, 597/604 m. w. N., dort insbesondere Fn. 95.

[77] s. o. § 7 II 3; dort auch zur Baugenehmigung.

[78] Z. B. Art. 82 BayBO.

[79] Z. B. Art. 63 Abs. 2 Satz 2 BayBO.

[80] *Martens*, in: Drews / Wacke / Vogel / Martens, Bd. 2, 66; *Mang / Simon*, BayBO, Art. 63 Rn. 6.

stöße gegen das BImSchG vorliegen, kann für die allgemeinen Überwachungsbefugnisse der Bauaufsicht nichts anderes gelten als für die polizeirechtliche Generalklausel: sie werden verdrängt[81]. Deshalb greift die Befugnis der Bauaufsicht nicht schon dann ein, wenn Immissionen von einer baulichen Anlage oder deren Teilen ausgehen[82]. Dieser Sachverhalt wirft vielmehr erst die Kollisionsfrage auf. Spezifisch baurechtlich ist er nur dann zu behandeln, wenn er gegen Baurecht oder sonstiges, keiner Spezialbehörde zugewiesenes öffentliches Recht verstößt.

Die Baubehörde kann daher eingreifen, wenn gleichzeitig mit dem Verstoß gegen das BImSchG eine bauordnungsrechtlich genehmigungspflichtige, aber nicht genehmigte Errichtung bzw. Nutzungsänderung vorliegt *oder*

— die bauordnungsrechtlichen Anforderungen an bauliche Anlagen nicht eingehalten werden (z. B. betriebssichere Lüftungsanlagen)

oder

— gegen (weitergehende) bauplanungsrechtliche Anforderungen verstoßen wird.

Im übrigen sind die §§ 24, 25 leges speciales[83].

VI. §§ 22 ff. und Schutz „spezieller Rechtsgüter"

Die Landesgesetzgebungskompetenz soll sich auch auf solche Regelungen erstrecken, die zwar Immissionen (v. a. Ruhestörung) betreffen, aber dem Schutz spezieller Rechtsgüter dienen[84]. Unter Berücksichtigung der in § 1 dargestellten „Aushöhlungsgefahr" der Landeskompetenzen, wenn Bundesrecht nicht auf seine spezifischen Bereiche beschränkt bleibt, ist dem zuzustimmen.

Ist der Immissionsschutz nur Nebeneffekt einer auf andere Ziele gerichteten, traditionell landesrechtlichen Regelung, so bleibt das Landesrecht neben §§ 22 ff. anwendbar; wegen § 22 Abs. 2 setzt sich die weitergehende Regelung durch.

---

[81] Zutreffend daher *Kutscheidt*, NVwZ 1983, 65/72 gg. OVG Münster, BRS 39 (1982), 100 f. (Glockenspiel).

[82] So aber offenbar OVG Münster, BRS 39 (1982), 100 f.

[83] *Kutscheidt*, NVwZ 1983, 65/72; so auch *Mang / Simon*, BayBO, Art. 82 Rn. 3 u. 20 zur Nutzungsuntersagung; anders aber *dies.*, Art. 63 Rn. 6 zur baurechtlichen Generalklausel.

[84] *Feldhaus*, § 22 Anm. 20; *Jarass*, Einl. Rn. 11; *Martens*, DVBl. 1981, 597/607.

Dies kann unproblematisch für den Sonn- und Feiertagsschutz angenommen werden[85]. Dieser dient primär der seelischen Erhebung und der ungestörten Abhaltung kirchlicher oder sonstiger feierlicher Veranstaltungen[86]. Das BImSchG bleibt aber für den schlichten Immissionsschutz auch an Feiertagen anwendbar[87]. Daraus folgt insbesondere, daß feiertagsrechtliche Ausnahmen für anlagengebundene Immissionen nur von der Einhaltung der FTGe, nicht aber vom BImSchG dispensieren[88].

Kein spezieller Rechtsgüterschutz ist allerdings entgegen einer verbreiteten Meinung der Schutz der Nachtruhe. Vielmehr liegt hier eine traditionelle gesundheitspolitische Zielrichtung der Lärmbekämpfung vor. Deshalb sind Lärmbelästigungen zur Nachtzeit, soweit sie von Anlagen ausgehen, ausschließlich nach §§ 22 ff. zu bekämpfen; Landes-ImSchGe finden insoweit keine Anwendung[89].

---

[85] s. Fn. 84.

[86] Vgl. OVG Lüneburg, UPR 1984, 277 f.

[87] s. o. § 4 II 7 gegen OVG Lüneburg, UPR 1984, 277 f.

[88] Vgl. etwa Art. 2 Abs. 2 Nr. 2 bayFTG für sportliche und kulturelle Veranstaltung; soweit diese in Anlagen stattfinden, gelten §§ 22 ff., und zwar auch unter Berücksichtigung eines gesteigerten Ruhebedürfnisses an Feiertagen.

[89] s. o. II.

Zusammenfassung

Der Abschnitt des BImSchG über die nicht genehmigungsbedürftigen Anlagen ist von zahlreichen Überschneidungs- und Abgrenzungsproblemen gekennzeichnet.

Bereits die Gesetzgebungskompetenz des Bundes für die §§ 22 ff. BImSchG kann nicht in vollem Umfang bejaht werden. Der Bund konnte wegen der Systematik des Art. 74 GG seine Kompetenz aus Art. 74 Nr. 24 (Luftreinhaltung und Lärmbekämpfung) *nicht* zusätzlich aus Art. 74 Nr. 11 hinsichtlich aller übrigen Immissionen ergänzen.

Die abschließende Aufzählung des Art. 74 Nr. 24 GG wird umgangen, wenn § 22 Abs. 1 Satz 2 BImSchG die wirtschaftlich betriebenen Anlagen auch hinsichtlich sonstiger Immissionen dem Anwendungsbereich des BImSchG unterwirft. Dieser Ausweitung entsprach im übrigen von vornherein kein Bedürfnis i. S. von Art. 72 GG, wie die Vernachlässigung der sonstigen Immissionen in den bisherigen Immissionsschutzberichten der Bundesregierung zeigt. Zudem würde eine Beschränkung des BImSchG auf die in Art. 74 Nr. 24 GG genannten Immissionen die Abgrenzung von Bundes- und Landesrecht stark vereinfachen, die bisher wegen der doppelten Verschränkung von Anlagengruppen (wirtschaftlich / nicht wirtschaftlich) und Immissionsarten zu kaum überschaubaren Verästelungen führt.

Wegen des weiten Anlagenbegriffs des § 3 Abs. 5 BImSchG ist diese Vereinfachung von besonderer Bedeutung. Der Anlagenbegriff umfaßt nahezu alle immissionsträchtigen Vorgänge vom Kohlekraftwerk bis zum Gartengrill, vom Rasenmäher bis zum Fußballstadion, vom Handwerksbetrieb bis zum Industrieunternehmen. Die zwangsläufigen Kollisionen mit immissionsbezogenen Normen des Bau-, Gewerbe- und Abfallrechts sollten nicht zusätzlich mit der Abgrenzung des Bundes- und Landesimmissionsschutzrechtes befrachtet werden.

Zur Kollisionsbegrenzung sind zunächst die inhaltlichen Anforderungen des § 22 Abs. 1 BImSchG klar herauszuarbeiten: *Stand der Technik* (§ 22 Abs. 1 Satz 1 *Nr. 1* BImSchG) ist als „harte" Grenze stets einzuhalten. Dabei ist auf den Technisierungsgrad der jeweiligen Anlage abzustellen. Wird diese untechnisch betrieben, so sind vom Betreiber entsprechend einfache Maßnahmen zur Emissionsbegrenzung zu fordern.

Auf die wirtschaftliche Vertretbarkeit solcher Maßnahmen ist dabei keine Rücksicht zu nehmen. Sie ist erst dann zu beachten, wenn trotz Einhaltung des Standes der Technik noch schädliche Umwelteinwirkungen entstehen. Diese sind nach § 22 Abs. 1 Satz 1 *Nr. 2* BImSchG auf ein *„Mindestmaß"* zu begrenzen. Das Mindestmaß ist als „weiche" Auffanggrenze im Rahmen eines umfassenden Interessenausgleichs zu ermitteln. Hierbei spielen auch wirtschaftliche Überlegungen eine Rolle.

Stand der Technik und Mindestmaß haben wegen der Spezialität des § 22 für nicht genehmigungsbedürftige Anlagen Vorrang vor dem im Baurecht entwickelten „Gebot der Rücksichtnahme". Wegen der abschließenden Regelung der §§ 22 ff. ist dieses „Gebot" entbehrlich, soweit es Immissionen i. S. des BImSchG betrifft. Es behält seine Bedeutung allerdings auch bei nicht genehmigungsbedürftigen Anlagen, soweit es um andere Auswirkungen geht (z. B. erdrückende Wirkung einer baulichen Anlage).

Im Rahmen des Bauplanungsrechts setzen sich wegen der ausdrücklichen Ermächtigung des § 9 Abs. 1 Nr. 24 BBauG strengere immissionsschutzrechtliche Anforderungen in B-Plänen gegenüber §§ 22 ff. durch.

Neben den Grundpflichten gewinnen die Vollzugsnormen der §§ 24, 25 BImSchG ihre Bedeutung vor allem dadurch, daß sie einen gesetzestechnischen Anknüpfungspunkt bieten, den Immissionsschutz durch Fachbehörden bzw. Abteilungen durchsetzen zu lassen. Während bisher das Entschließungsermessen der allgemeinen Sicherheitsbehörden im Rahmen der Generalklausel von öffentlicher Sicherheit und Ordnung sehr weit gezogen war, muß für §§ 24, 25 eine Verengung des Entschließungsermessens angenommen werden. Da der „Zweck der Ermächtigung" auf die Durchsetzung des Immissionsschutzes beschränkt ist, ist ein Einschreiten bei Verstößen gegen die Pflichten der Betreiber sogar zwingend geboten. Wirtschaftliche Gesichtspunkte wie Arbeitsplatzsicherheit oder sonstige Betreiberinteressen können der Entschließung zum Einschreiten somit nie entgegenstehen, weil sie nicht dem Zweck der Ermächtigung entsprechen.

Weiterhin liegt die Bedeutung der §§ 24, 25 in ihrer nachbarschützenden Funktion. Soweit die Verpflichtungen aus §§ 22, 23 über § 906 BGB hinausgehen, steht damit dem betroffenen Nachbarn mit der Verpflichtungsklage gegen die Immissionsschutzbehörde eine öffentlich-rechtliche Abwehrmöglichkeit offen. Dies gilt materiell-rechtlich auch gegenüber hoheitlich betriebenen Anlagen, deren immissionsschutzrechtliche Privilegierung zu Recht zunehmend in Zweifel gezogen wird. Soweit dabei ein Einschreiten der Ordnungsbehörden gegen die hoheitlich betriebene Anlage selbst nicht möglich ist, steht dem Nachbarn die öffentlich-rechtliche Unterlassungsklage direkt aus §§ 22, 23 BImSchG offen. Die Einhaltung der Betreiberpflichten des BImSchG muß von hoheitlichen Betreibern dabei schon aus dem Vorrang des Gesetzes gefordert werden.

Der gesamte Abschnitt der §§ 22 - 25 BImSchG ist bisher in die anderen Normbereiche des Bundesrechts noch nicht nahtlos eingepaßt. Zwar geht das BImSchG häufig als Spezialregelung für alle immissionsschutzrechtlichen Fragen vor, Ausnahmen gelten aber dann, wenn andere Fachgesetze sich ebenfalls auf schädliche Umwelteinwirkungen beziehen, etwa § 9 Abs. 1 Nr. 24 BBauG, §§ 4, 5 GastG und einzelne Vorschriften der Gewerbeordnung. Diese Vorschriften verdrängen das BImSchG weitgehend. Soweit allerdings eine kumulative Anwendung in Frage kommt, sollten nach Landesrecht die Vollzugszuständigkeiten in eine Hand gelegt werden, um einander widersprechende Entscheidungen zu vermeiden.

Der Bereich der Landesimmissionsschutzgesetze ist aus systematischen und verfassungsrechtlichen Gründen auf den nicht anlagenbezogenen Immissionsschutz zu begrenzen sowie auf die Regelung derjenigen Immissionen, die nicht unter Art. 74 Nr. 24 GG fallen. Der Vorbehalt weitergehender Regelungen in § 22 Abs. 2 BImSchG darf nicht bedeuten, daß der Landesgesetzgeber die §§ 22 ff. „nachbessern" kann. Dies würde die einzelnen Spezialvorbehalte zugunsten landesrechtlicher Regelungen ad adsurdum führen (z. B. § 49 Abs. 3 BImSchG). Ferner ist es dem Landesgesetzgeber verwehrt, die immissionsschutzrechtlichen Ermächtigungen zugunsten der *Landesregierungen* zu usurpieren.

Hieraus folgt, daß einige Bestimmungen in den bestehenden Landesimmissionsschutzgesetzen nichtig sind. Aus den gleichen Gründen ist die polizeirechtliche Generalklausel der Landespolizeigesetze auf die nach §§ 22 ff. BImSchG geregelten Sachverhalte nur noch hinsichtlich unaufschiebbarer Maßnahmen anzuwenden.

Schrifttumsverzeichnis

Alexy, Robert: Theorie der juristischen Angumentation, Frankfurt a. M. 1978

Badura, Peter: Die Gesetzgebungskompetenz des Bundes für das Staatshaftungsgesetz, NJW 1981, 1337 ff.

Bender, Bernd: Staatshaftungsrecht, 2. Auflage, Karlsruhe 1974

Berg, Wilfried: Die verwaltungsrechtliche Entscheidung bei ungewissem Sachverhalt, Berlin 1980

Boisserée, Klaus, „Örtliche Umweltstandards"?, UPR 1983, 368 ff.

Brockhaus: Enzyklopädie, Wiesbaden 1967

Cramer, Peter: Straßenverkehrsrecht, Band 1, 2. Auflage, München 1977

Dauster, Manfred: Die Stellung des Ministers zwischen Regierungschef, Parlament und Regierung nach dem Verfassungsrecht der Länder, Köln 1984 (Erlanger Juristische Abhandlungen Band 32)

Dolde, Klaus-Peter: Die Entwicklung des öffentlichen Baurechts 1982 und 1983, NJW 1984, 1713 ff.

Drews, Bill / *Wacke*, Gerhard / *Vogel*, Klaus / *Martens*, Wolfgang: Gefahrenabwehr, 8. Auflage, Band 1, Köln 1975; Band 2, Köln 1977

Engisch, Karl: Einführung in das juristische Denken, 7. Auflage, Stuttgart 1977

Ernst, Werner / *Hoppe*, Werner: Das öffentliche Bau- und Bodenrecht, Raumplanungsrecht, 2. Auflage, München 1981

Ernst, Werner / *Zinkahn*, Willy / *Bielenberg*, Walter: Bundesbaugesetz, München, Stand April 1984 (Loseblatt)

Feldhaus, Gerhard: Bundes-Immissionsschutzgesetz, Kommentar, Band 1, Wiesbaden, Stand April 1984 (Loseblatt)

— Zum Inhalt und zur Anwendung des Standes der Technik im Immissionsschutzrecht, DVBl. 1981, 165 ff.

Feldhaus, Gerhard / *Schmitt*, Otto Alfred: Kausalitätsprobleme im öffentlichrechtlichen Umweltschutz — Luftreinhaltung, WiVerw. 1984, 1 ff.

Fröhler, Ludwig / *Kormann*, Joachim: Kommentar zur Gewerbeordnung, Heidelberg 1978

Gehrmann, Werner: Auswirkungen der zweiten Änderung der Baunutzungsverordnung auf Gewerbebetriebe, GewArch. 1977, 353 ff.

Gelzer, Konrad: Bauplanungsrecht, 3. Auflage, Köln 1979

Götz, Volkmar: Allgemeines Polizei- und Ordnungsrecht, 7. Auflage, Göttingen 1982

Groh, Bernd M.: Immissionsschutz durch Bauleitplanung — Zu Umfang und Reichweite von § 9 Abs. 1 Nr. 24 BBauG, UPR 1984, 142 ff.

Gruson, Michael: Die Bedürfniskompetenz — Inhalt und Wirklichkeit des Art. 72 Abs. 2 des Grundgesetzes, Berlin 1969

Hesse, Konrad: Grundzüge des Verfassungsrechts der Bundesrepublik Deutschland, 13. Auflage, Heidelberg 1982

Hoffmann, Egon / *Seitter*, Oswald: Gaststättengesetz, 2. Auflage, Heidelberg 1979

v. Holleben, Horst: Der Standort industrieller Anlagen unter dem Gesichtspunkt des § 5 Nr. 1 BImSchG, GewArch. 1977, 45 ff.

— Heranrückende Wohnbebauung — Gefahr für Gewerbebetriebe, DVBl. 1981, 903 ff.

— Die Festsetzung von Emissions- und Immissionswerten in Bebauungsplänen, UPR 1983, 76 ff.

Jarass, Hans D.: Bundes-Immissionsschutzgesetz, Kommentar, München 1983

— Gaststättenlärm und Sperrzeit, NJW 1981, 721 ff.

— Schädliche Umwelteinwirkungen, DVBl. 1981, 725 ff.

Jescheck, Hans-H.: Lehrbuch des Strafrechts, 3. Auflage, Berlin 1978

Kopp, Ferdinand O.: Verwaltungsgerichtsordnung, 6. Auflage, München 1984

— Verwaltungsverfahrensgesetz, 3. Auflage, München 1983

Knack, Hans J.: Verwaltungsverfahrensgesetz, Kommentar, 2. Auflage, Köln 1982

Krüger, Herbert: Allgemeine Staatslehre, 2. Auflage, Stuttgart 1964

Kutscheidt, Ernst: Immissionsschutz bei nicht genehmigungsbedürftigen Anlagen, NVwZ 1983, 65 ff.

Landmann-Rohmer: Gewerbeordnung und ergänzende Vorschriften, Kommentar, München, Stand Mai 1978 (Loseblatt)
(zit.: L-R, III, Bearbeiter)

Larenz, Karl: Methodenlehre der Rechtswissenschaft, 5. Auflage, Berlin 1983

Leisner, Walter: „Entschädigung falls Enteignung", DVBl. 1981, 76 ff.

— Sozialbindung des Eigentums, Berlin 1972

— Sozialbindung des Eigentums nach privatem und öffentlichem Recht, NJW 1975, 233 ff.

— Waldsterben, Öffentlich-rechtliche Ersatzansprüche, Köln 1983

Leonhardt, Paul: Die Verfassungsmäßigkeit des Kodifikationsprinzips im Rahmen der konkurrierenden Gesetzgebung, Diss. 1969

Lerche, Peter: Die Gesetzgebungskompetenz von Bund und Ländern auf dem Gebiet des Presserechts, JZ 1972, 468 ff.

Lohse, Volker: Immissionsschutzrecht in Nordrhein-Westfalen, JuS 1975, 541

Mang, Johann / *Simon*, Alfons: Bayerische Bauordnung, Kommentar, München, Stand November 1983 (Loseblatt)

Martens, Wolfgang: Immissionsschutzrecht und Polizeirecht, DVBl. 1981, 597 ff.

— Öffentlich-rechtliche Probleme des negatorischen Rechtsschutzes gegen Immissionen, Hamburger Festschrift für Friedrich Schack, Hamburg 1966, 85 ff.

Maunz, Theodor / *Dürig*, Günter / *Herzog*, Roman / *Scholz*, Rupert: Grundgesetz, Kommentar, München, Stand September 1983 (Loseblatt)

Maunz, Theodor / *Zippelius*, Reinhold: Deutsches Staatsrecht, 25. Auflage, München 1983

Menger, Christian-Friedrich: Zum Verhältnis von Landesrecht zu inhaltsgleichem Bundesrecht, VerwArch. 62 (1971), 75 ff.

Meyer: Enzyklopädisches Lexikon, Mannheim 1972, Korrigierter Nachdruck 1980

Meyer, Hans / *Borgs-Maciejewski*, Hermann: Verwaltungsverfahrensgesetz, Kommentar, 2. Auflage, Frankfurt a. M. 1982

Michel, Elmar / *Kienzle*, Werner: Das Gaststättengesetz, 8. Auflage, Köln 1982

Mörtel, Georg: Gaststättengesetz, Kommentar, 3. Auflage, München 1973

v. Münch, Ingo (Hrsg.): Grundgesetz-Kommentar, 2. Auflage, München 1981

— (Hrsg.): Besonderes Verwaltungsrecht, 6. Auflage, Berlin 1982

Naumann, Richard: Vom vorbeugenden Rechtsschutz im Verwaltungsprozeß, Gedächtnisschrift für Walter Jellinek, München 1955, 391 ff.

Obermayer, Klaus: Grundzüge des Verwaltungsrechts und des Verwaltungsprozeßrechts, 2. Auflage, München 1975

— Verwaltungsverfahrensgesetz, Kommentar, Neuwied 1983

Ossenbühl, Fritz: Staatshaftungsrecht, 3. Auflage, München 1983

Palandt, Heinrich: Bürgerliches Gesetzbuch, Kommentar, 43. Auflage, München 1984

Papier, Hans-Jürgen: Immissionen durch Betriebe der öffentlichen Hand, NJW 1974, 1797 ff.

— Enteignungsgleicher und enteignender Eingriff nach der Naßauskiesungsentscheidung, JuS 1985, 184 ff.

Pestalozza, Christian: Thesen zur kompetenzrechtlichen Qualifikation von Gesetzen im Bundesstaat, DÖV 1972, 181 ff.

Rademacher, Günter Hermann: Bestandsschutz und Störerhaftung des Betreibers nicht genehmigungsbedürftiger Anlagen im Sinne der §§ 22 ff. Bundes-Immissionsschutzgesetz, Diss. 1982

Redeker, Konrad: Das baurechtliche Gebot der Rücksichtnahme, DVBl. 1984, 870 ff.

— Gründe für ein neues Städtebaurecht, UPR 1984, 313 ff.

Rengeling, Hans-Werner: Die immissionsschutzrechtliche Vorsorge; Inhalt und Grenzen der Pflicht gemäß § 5 Nr. 2 BImSchG, Baden-Baden 1982

Rudolf, Walter: Die Ermächtigung der Länder zur Gesetzgebung im Bereich der ausschließlichen Gesetzgebungskompetenz des Bundes, AÖR 88 (1963), 159 ff.

Salzwedel, Jürgen (Hrsg.): Grundzüge des Umweltrechts, Berlin 1982

Schenke, Wolf-Rüdiger: Verfassungsrechtliche Probleme eines Einschreitens gegen Immissionen verursachende Anlagen nach dem BImSchG, DVBl. 1976, 740 ff.

— Baurechtlicher Nachbarschutz, NuR 1983, 81 ff.

Schlichter, Otto: Das baurechtliche Gebot der Rücksichtnahme, DVBl. 1984, 875 ff.

Schmatz. Hans / *Nöthlichs*, Matthias: Immissionsschutzrecht, Berlin, Stand 7. Lieferung 1984

Schmid, Manfred: Lärmimmissionen durch die Benutzung von Musikinstrumenten, BayVBl. 1983, 44 ff.

Schmölling, Jürgen / *Mäder*, Werner: Das Bundes-Immissionsschutzgesetz — Entwicklung oder Stillstand?, GewArch. 1980, 78 ff.

Scholler, Heinrich / *Broß*, Siegfried: Grundzüge des Polizei- und Ordnungsrechts in der Bundesrepublik Deutschland, 3. Auflage, Heidelberg 1981

Scholz, Rupert: Gesetzgebungskompetenz von Bund und Ländern in der Rechtsprechung des Bundesverfassungsgerichts, in: Festschrift für das Bundesverfassungsgericht 1976, Band 2, 252 ff.

Schrödter, Hans: Bundesbaugesetz, Kommentar, 4. Auflage, München 1980

Schwerdtfeger, Gunther: Baurechtlicher Drittschutz und Parlamentsvorbehalt, NVwZ 1983, 199 ff.

Sellner, Dieter: Immissionsschutzrecht und Industrieanlagen, München 1978

— Bundes-Immissionsschutzgesetz und Nachbarschutz im unbeplanten Innenbereich, NJW 1976, 265 ff.

Sellner, Dieter / *Löwer*, Wolfgang: Immissionsschutzrecht der nicht genehmigungsbedürftigen Anlagen, WiVerw. 1980, 221 ff.

Sendler, Horst: Abschied vom latenten Störer?, WiVerw. 1977, 94 ff.

— Grundprobleme des Umweltrechts, JuS 1983, 255 ff.

— Ist das Umweltrecht normierbar?, UPR 1981, 1 ff.

— Wer gefährdet wen: Eigentum und Bestandsschutz den Umweltschutz — oder umgekehrt?, UPR 1983, 33 ff. und 73 ff.

Stern, Klaus: Das Staatsrecht der Bundesrepublik Deutschland,
Band 1, 2. Auflage, München 1984,
Band 2, 1. Auflage, München 1977

Stettner, Rupert: Grundfragen einer Kompetenzlehre, Berlin 1983

Wahl, Rainer: Der Vorrang der Verfassung und die Selbständigkeit des Gesetzes, NVwZ 1984, 401 ff.

Wiethaup, Hans: Lärmbekämpfung in der Bundesrepublik Deutschland, 2. Auflage, Köln 1984

Wolff, Hans J. / *Bachof*, Otto: Verwaltungsrecht III, 4. Auflage, München 1978

Ziegler, Jürgen: Ein formulierter Vorschlag zur Aufnahme des Bauordnungsrechts in ein (Bundes-)Baugesetzbuch, DVBl. 1984, 378 ff.

Zippelius, Reinhold: Einführung in die juristische Methodenlehre, 3. Auflage, München 1980

Zoubek, Gerhard / *Menke*, Rainard: Dynamische Konfliktlösungen für städtebauliche Gemengelagen im unbeplanten Innenbereich, UPR 1984, 249 ff.

FSC
www.fsc.org
MIX
Papier | Fördert gute Waldnutzung
FSC® C083411

Kolibri 360 GmbH
Ferdinand-Jühlke-Straße 7
99095 Erfurt, Deutschland
produktsicherheit@kolibri360.de

Druck:
CPI Druckdienstleistungen GmbH
im Auftrag der
Kolibri 360 GmbH
Ferdinand-Jühlke-Str. 7
99095 Erfurt